W0186071

Inhaltsverzeichnis

Vorbemerkungen

Liebe Kollegin, lieber Kollege,

Lernwerkstätten stellen eine noch weitgehend neue Organisationsform des offenen Unterrichts dar, die jedoch zunehmend an Bedeutung gewinnt und an vielen Schulen schon erfolgreich praktiziert wird. Wir möchten Ihnen mit dieser ausgearbeiteten und erprobten Lernwerkstatt helfen, das Thema „Reise durch Europa" in Ihrem Unterricht umzusetzen und dabei die Form des Werkstattunterrichts kennen zu lernen oder Ihre bisher gewonnenen Erfahrungen zu vertiefen.

Zunächst wollen wir uns dabei den Rahmenbedingungen des Werkstattunterrichts zuwenden.
Eine Lernwerkstatt bietet den Schülern zu einem bestimmten Thema ein breitgefächertes Lernangebot für Einzel-, Partner- und Gruppenarbeit aus den unterschiedlichsten Lernbereichen an (z. B. Lese- und Schreibanlässe, künstlerisch-gestalterische Angebote, Aufgaben aus den Bereichen Mathematik, Wahrnehmung etc.). Soweit wie möglich arbeiten die Schüler selbstständig, indem sie aus dem Lernangebot auswählen, die Reihenfolge der Arbeitsangebote, die Sozialform und den Lernort bestimmen, wobei jeder Schüler nach seinem individuellen Lerntempo vorgehen kann. Werkstattunterricht beinhaltet somit fächerübergreifendes Arbeiten und ein hohes Maß an Individualisierung bzw. Differenzierung. Das Unterrichtskonzept schafft geeignete Voraussetzungen für selbstständiges, eigenverantwortliches Lernen und ermöglicht unterschiedliche Zugangsweisen zu einem Unterrichtsthema. Zentrales Medium für das eigenständige Arbeiten der Schüler sind Auftragskarten, auf denen der Arbeitsauftrag des jeweiligen Werkbereiches in kurzer, verständlicher Form formuliert ist.
Die Lehrkraft übernimmt die Rolle des Beraters und Helfers bei auftretenden Problemen, hält sich jedoch entsprechend dem Prinzip der minimalen Hilfe weitgehend zurück. Erfahrungsgemäß bleibt mehr Zeit für Schülerbeobachtungen und die Betreuung besonders förderungsbedürftiger Schüler als im herkömmlichen Unterricht, da die Lerngruppe insgesamt selbstständiger arbeitet. Trotz oder gerade wegen der oben aufgeführten Freiräume der Schüler kommt Werkstattunterricht natürlich nicht ohne Regeln aus. Diese müssen zu Beginn der ersten Werkstatt gemeinsam mit den Schülern erarbeitet werden (siehe Tipps zur Organisation).
Als hilfreich für die Organisation einer Werkstatt erweist sich entweder die Kooperation der unterrichtenden Lehrkräfte einer Klasse oder die Bündelung verschiedener Fächer in einer Hand (Klassenlehrerprinzip). Ebenfalls schafft die Nutzung von Gruppentischen, Nebenräumen, Arbeitsecken oder Fluren günstige, aber nicht unbedingt notwendige Bedingungen für die Durchführung von Werkstattunterricht.

BVK LW 05 · Birgit Groß-Ernst / Marion Strelau: Lernwerkstatt „Reise durch Europa"

Vorbemerkungen

Das Chefprinzip als tragendes Element des Werkstattunterrichts:
Jeder Werkbereich obliegt der Hand eines „Chefs" oder „Helfers", der für diesen Bereich zuständig ist und folgende organisatorische Funktionen übernimmt: Der „Chef" erfüllt in erster Linie eine „Helferfunktion", indem er erster Ansprechpartner für Mitschüler bei Fragen und Problemen ist. Darüber hinaus obliegt ihm die Verwaltung des Materials, das zu diesem Werkstattbereich gehört, indem er auf die Rückführung und Neubeschaffung notwendigen Arbeitsmaterials achtet. Nicht zuletzt kommt ihm die zentrale Aufgabe zu, Arbeitsaufträge von Mitschülern nach Ausführung zu sichten und auf dem Werkstattplan zu unterzeichnen. Um den „Chef" eines Werkbereiches jedoch nicht übermäßig zu belasten und den Schülern ebenfalls die Möglichkeit zur Selbstkontrolle zu geben, werden an vereinbarter Stelle (z. B. Rückseite der Tafel, Lösungsordner etc.) Lösungen ausgelegt, mit deren Hilfe bearbeitete Werkstattbereiche überprüft werden können. Wo die Kontrolle durch ein Lösungsblatt nicht gegeben werden kann (z. B. beim Verfassen freier Texte, die Überarbeitungshinweisen bedürfen), ist der „Chef" gefragt um Feedback zu geben. Sollte die Anzahl der Schüler größer als die der Lernangebote sein, so können auch zwei oder mehr Schüler als „Chef" eines Bereiches fungieren. Wesentlicher Vorteil des „Chef"- oder „Helferprinzips" ist die Übertragung von Lehrerkompetenzen auf Schüler, wobei die Lehrkraft von zeitraubenden Aufgaben befreit wird und diesen Spielraum stärker für Belange einzelner Schüler nutzen kann.

Die Lernwerkstatt „Reise durch Europa" aus didaktischer Sicht

Europa ist nicht nur ein aktuelles Thema der Politik, sondern rückt durch die Medien zunehmend in den Erfahrungsbereich der Erwachsenen und Kinder. Insbesondere unsere Schüler machen in den Klassen multikulturelle Erfahrungen durch die Begegnung mit Kindern verschiedenster Herkunft. Es lohnt sich diese Erfahrungen aufzugreifen, um auf dieser Basis Offenheit, Toleranz und Verständnis für das zukünftige Europa zu fördern. Gleichzeitig gilt es auch sich Kenntnisse anzueignen, die eine kritische Auseinandersetzung ermöglichen und den globalen Begriff Europa mit Wissen füllen. Diese unterrichtliche Auseinandersetzung kann natürlich nicht bei der „althergebrachten" Herangehensweise stehen bleiben, in deren Mittelpunkt die Lage von Ländern, der Verlauf von Grenzen und Flüssen oder Namen von Hauptstädten steht.
Um „Europa" mit Leben zu füllen sind unterschiedliche Zugänge notwendig, die Kreativität und Handlungsorientierung ermöglichen, so dass jeder Schüler seinen Weg finden kann, Europa zu entdecken.

BVK LW 05 · Birgit Groß-Ernst / Marion Strelau: Lernwerkstatt „Reise durch Europa"

Vorbemerkungen

Daher wird das Thema nicht nur aus geografischer, sondern auch aus kultureller, sprachlicher, politischer, mathematischer und „künstlerischer" Sicht betrachtet. Diese Intention liegt auch unserer Anregung zu einem europäischen Fest zu Grunde, bei dem das Zubereiten von Speisen und Vorführen von Tänzen das Thema Europa für Mitwirkende und Zuschauer konkret erlebbar macht.

Die Lernwerkstatt ist für einen Zeitraum von vier Wochen bei einer täglichen Unterrichtszeit von einer Unterrichtsstunde konzipiert. Natürlich hängt der benötigte Zeitraum von der Klassenstufe, der Leistungsstärke der Schüler und den Rahmenbedingungen des Stundenplanes ab.

Da die Werkbereiche thematisch nicht aufeinander aufbauen, können Werkbereiche ausgelassen oder ergänzt werden.

Wir wünschen Ihnen viel Spaß und Erfolg bei der Durchführung dieser Werkstatt!

Birgit Groß-Ernst und Marion Strelau

BVK LW 05 · Birgit Groß-Ernst / Marion Strelau: Lernwerkstatt „Reise durch Europa"

Tipps zur Organisation der Werkstattarbeit

Anordnung der Materialien im Klassenraum:
Als vorteilhaft erweist es sich, die Werkstatt an einem für die Schüler frei zugänglichen Ort im Klassenraum (Regale, Fensterbänke, Tische) aufzubauen und ein Ablagefach für jeden Werkbereich einzurichten. Dieses wird mit einer Nummer und dem Namen des „Chefs" versehen, der den Bereich betreut. Auf diese Weise ist direkt erkennbar, wer der zuständige Ansprechpartner ist. In dem Ablagefach befinden sich die Auftragskarte, die den Bereich kurz erläutert und den Arbeitsauftrag formuliert, entsprechende Arbeitsblätter und sonstige Materialien, die benötigt werden.

Verteilung der „Chefämter":
Es bestehen grundsätzlich zwei Möglichkeiten die Zuordnung von „Chef" und Werkbereich zu organisieren: Entweder übernimmt die Lehrkraft vorab die Zuteilung unter Berücksichtigung der individuellen Interessen und Fähigkeiten der Schüler oder diese entscheiden sich nach der ersten Begegnung mit der Werkstatt für einen Bereich, den sie betreuen möchten. Sollten die Schüler noch keine Erfahrungen mit Werkstattunterricht gesammelt haben, ist es im Hinblick auf einen reibungslosen Start günstiger, die Zuordnung vorab vorzunehmen.

Der Werkstattplan als Überblick:
Auf dem Werkstattplan, der jedem Schüler ausgehändigt wird, sind die einzelnen Werkbereiche der Reihe nach aufgelistet. Nach Beendigung einer Aufgabe wendet sich der Betreffende an den zuständigen „Chef", der diese überprüft und auf dem Werkstattplan unterzeichnet. Auf diese Weise erhalten Schüler und Lehrer einen Überblick über bereits bearbeitete Werkstattbereiche. Sinnvoll ist es, wenn jeder Schüler über einen separaten Schnellhefter oder Ordner verfügt, in dem der Werkstattplan und zugehörige Arbeitsblätter gesammelt werden.

Regeln für die Werkstattarbeit:
Alle Formen des offenen Unterrichtes, ebenso das Konzept der Werkstattarbeit, eröffnen Freiräume für Schüler, die jedoch nur dann angemessen und sinnvoll genutzt werden, wenn auch entsprechende Verhaltensregeln vereinbart und eingehalten werden. Empfehlenswert ist die gemeinsame Erarbeitung von Regeln, um Transparenz und Akzeptanz seitens der Schüler zu fördern. In diesem Rahmen sollte auch die Rolle des „Chefs" geklärt werden, damit es hier nicht zu einem Missbrauch der Aufgabe kommt.

BVK LW 05 · Birgit Groß-Ernst / Marion Strelau: Lernwerkstatt „Reise durch Europa"

Tipps zur Organisation der Werkstattarbeit

Vorschlag für einen Regelkatalog:

- jedes Kind wählt eine Arbeit aus und führt diese zu Ende, bevor es sich einer neuen Aufgabe zuwendet
- es kann allein, mit einem Partner oder einer Gruppe gearbeitet werden
- der Sitzplatz/Lernort ist frei wählbar
- alle benötigten Materialien werden wieder an den ursprünglichen Ort zurückgebracht (Ablagefach)
- der „Chef" soll bei Problemen freundlich Hilfestellung geben, Arbeiten überprüfen und auf dem Werkstattplan unterzeichnen

Tipps zur konkreten Einführung der „Europa"-Werkstatt:

Vor dem Start der ersten Werkstatteinheit empfiehlt sich ein gemeinsamer Austausch über das Thema Europa, indem die Schüler über Vorerfahrungen berichten und mitgebrachte Materialien vorstellen können. Auf diese Weise kann eine Motivationsgrundlage geschaffen werden, die auf die Auseinandersetzung mit dem Thema einstimmt.

Zur Vorlaufphase gehört ebenfalls eine allgemeine Einführung in die Werkstattarbeit (s. Regeln) und die Vorstellung der Inhalte und spezifischen Arbeitsmittel.

Im Rahmen der ersten Werkstatteinheit arbeitet sich der „Chef" zunächst in seinen Aufgabenbereich ein, um kompetenter Ansprechpartner für Mitschüler zu werden. Der Lehrkraft kommt an diesem Tag die zentrale Aufgabe zu, alle fertiggestellten „Chefaufgaben" auf ihre Richtigkeit hin zu überprüfen, damit eine korrekte Weitervermittlung gewährleistet ist. Erst wenn dieser Prozess abgeschlossen ist, können in der nächsten Einheit Aufgaben frei ausgewählt und bearbeitet werden. Dann übernimmt der „Chef" die Rolle des Helfers, überprüft und unterzeichnet Fertiggestelltes.

Den Abschluss der ersten Werkstatteinheit bildet eine gemeinsame Reflexionsphase, in der Erfahrungen ausgetauscht und auch etwaige Probleme geklärt werden können. An dieser Stelle erhalten die Schüler ebenfalls Gelegenheit entstandene Produkte vorzustellen und eine Würdigung ihrer Arbeit zu erfahren.

BVK LW 05 • Birgit Groß-Ernst / Marion Strelau: Lernwerkstatt „Reise durch Europa"

Anmerkungen für den Lehrer / die Lehrerin

Zu Werkbereich 1:
Für diesen Werkbereich muss den Schülern eine große Landkarte zur Verfügung gestellt werden. Wenn ein Gruppenraum vorhanden ist, eignet sich dieser besonders gut als Aufstellungsort. Falls Sie über keinen Nebenraum verfügen, sollte die Karte vor der Tafel plaziert werden. Falls keine große Landkarte vorhanden ist, kann auf Atlanten zurückgegriffen werden.

Zu Werkbereich 2:
Softknete oder Ton eignen sich besonders, da sie sich gut verarbeiten lassen. Zwei bis drei Pakete weiße Softknete (100g) von der Firma Eberhard Faber sind für diesen Werkbereich ausreichend. Die Kinder haben freie Gestaltungsmöglichkeit, da die Softknete nachbearbeitbar ist und mit Wasserfarben bemalt werden kann.
Damit die angebrochene Packung nicht eintrocknet, die Softknete in eine verschließbare Dose füllen.

Zu Werkbereich 9:
Dieser Werkbereich erscheint in der Materialbeschaffung zunächst teurer, als er tatsächlich ist, da sich aus den vier Grundfarben alle anderen Farben mischen lassen.
Weiße Seide gibt es in der Stoffabteilung vieler Warenhäuser am Meter zu kaufen.
Als Rahmen dienen Schuhkartons sowie deren Deckel, auf die sich die Seide mit Heftzwecken gut befestigen lässt. Die Kinder müssen aber unbedingt darauf achten, dass die Seide stramm gespannt ist.
In Bastelgeschäften erhalten Sie die Seidenmalfarbe sowie Gutta, die als Trennmittel dient, damit die Farben nicht ineinander laufen. Zum Auftragen stellen Sie den Kindern Haarpinsel in der Stärke Nr. 3 und Nr. 4 zur Verfügung.
Achten Sie beim Kauf bitte darauf, dass Sie bügelfixierbare Farbe nehmen.
Damit die Kinder ihre Flaggen fixieren können, stellen Sie bitte ein Bügeleisen, sowie ein Frotteehandtuch als Unterlage zur Verfügung. (Anleitung des Herstellers beachten!)

Zu Werkbereich 15:
Für diesen Werkbereich benötigen die Schüler eine geeignete Europakarte, auf der sie die Lage und Namen der einzelnen Länder erkennen können. Viele Schulen verfügen über Atlanten für Kinder, die in der Regel eine solche Karte enthalten. Auch in den meisten Kinder- und Jugendlexika findet man geeignete Karten Europas. Aufgrund der politischen Veränderungen auf die Aktualität der Karten achten. Zudem sollten Sie Styroporplatten in DIN A3-Größe bereitstellen. Tipp: kostenlos in Sammelstellen für Sondermüll oder in Kauf- und Möbelhäusern als Reste von Verpackungsmaterial zu erhalten.

Zu Werkbereich 16:
Die Angabe der Zutaten bezieht sich auf eine Gruppe von vier Kindern. Bei der Zubereitung wird auf das Abwiegen mit einer Küchenwaage zurückgegriffen. Wer das umgehen möchte, kann die Maßeinheit Gramm auch in „Becher" und „Löffel" umwandeln.
Bsp.: Du brauchst einen halben Becher Sahne etc.

BVK LW 05 · Birgit Groß-Ernst / Marion Strelau: Lernwerkstatt „Reise durch Europa"

Anmerkungen für den Lehrer / die Lehrerin

Folgende Materialien sollten pro Schülergruppe bereitgestellt werden:
- 2 Bananen
- 1 Zitrone
- 100g Zucker
- 100g Sahne
- 250g Joghurt
- 1 große Schüssel für das Vermengen der Zutaten
- 1 Schüssel für das Schlagen der Sahne
- 4 Dessertschälchen
- Zitronenpresse
- Handmixer
- 1 Küchenmesser, 1 Esslöffel, 4 Teelöffel
- 1 Küchenwaage

(- Kühlschrank mit Eisfach)

Werkbereich 17:
Die Spielvorlage sollte zur besseren Haltbarkeit auf Karton kopiert und eventuell mit Folie überzogen werden.

Werkbereich 19:
Zahnstocher, Tesafilm oder Kreppklebeband zur Verfügung stellen.

Zu Werkbereich 21:
Es empfiehlt sich, die Vorlagen von Sammelfeld und Bildkarten zur besseren Haltbarkeit auf Karton zu kopieren. Eine andere Möglichkeit wäre, dass die Schüler sie auf Pappe kleben. Es bleibt der Lehrperson überlassen, ob sie die Karten schon ausgeschnitten bereitlegt oder von den Schülern vor Spielbeginn ausschneiden lässt. Das Spiel kann auch zu zweit gespielt werden, wenn jedes Kind zwei Länder übernimmt oder zu dritt, indem die Bildkarten eines Landes aussortiert werden.

Zu Werkbereich 22:
In Kaufhäusern und gut sortierten Schreibwarenläden gibt es preiswerte Sammeltüten mit Briefmarken aus Europa.
Alternativ dazu können die Schüler zu Beginn der Werkstatt angeregt werden, Postkarten und Briefe aus europäischen Ländern zu sammeln und mitzubringen. Den geringsten Aufwand macht es, wenn die Schüler die Briefmarken lediglich ausschneiden. Natürlich kann auch der „professionelle" Weg beschritten werden, d. h. die Briefmarken werden über Wasserdampf abgelöst. Verwendet man anstelle eines herkömmlichen Klebers Sprühkleber, so lassen sich die Briefmarken zu Tauschzwecken wieder problemlos von der Sammelvorlage ablösen.

Zu Werkbereich 23:
Bei den Angaben zu den Tauschkursen wurden die Stellen nach dem Komma auf ganze Zahlen gerundet, um den Schülern das Rechnen zu erleichtern.

BVK LW 05 · Birgit Groß-Ernst / Marion Strelau: Lernwerkstatt „Reise durch Europa"

Anmerkungen für den Lehrer / die Lehrerin

Zu Werkbereich 25:
Für diesen Werkbereich sollten Sie eine entsprechende Bücherkiste zur Verfügung stellen, die Sie leicht mit Hilfe einer örtlichen Bücherei zusammenstellen können. Bitte darauf achten, dass auch Bücher mit Angaben zu verschiedenen landestypischen Spielen vorhanden sind.

Zu Werkbereich 26:
Die Gestaltung des Morgens sollte sich möglichst an den Ideen der Schüler orientieren. In Form eines Plenums werden die Vorschläge der Kinder und der mögliche Ablauf besprochen.
Hier einige Anregungen:
- ausländische Kinder stellen ihre Landeskleidung vor
- Kinder bringen Speisen für ein europäisches Büffet mit
- gemeinsames Zubereiten von kleinen Gerichten (siehe Rezeptvorschläge)
- Singen von Liedern: z. B. Paule Puhmann, Bruder Jakob in verschiedenen Sprachen, What shall we do ..., Guten Morgen-Lied (Anregungen zu Tänzen und Liedern finden Sie im Lehrerhandbuch zu Kolibri 3/4, Schroedel Verlag)
- einige Tänze einstudieren, bzw. vorführen: z. B. Bauchtanz, Kassakschok, Sirtaki
- falls Besucher eingeladen werden, vorher entsprechende Einladungen gestalten (siehe Vorlagen).
- Europa - Ausstellung mit den in der Werkstatt entstandenen Werken

BVK LW 05 · Birgit Groß-Ernst / Marion Strelau: Lernwerkstatt „Reise durch Europa"

Werkstattplan von

____

Europa auf der Weltkarte	1	2	Hauptstädte, Sehenswürdigkeiten
Steckbrief	3	4	Zeitungen aus Europa
Versteckte Ländernamen	5	6	Begrüßen und Verabschieden in den Ländern Europas
Warenkorb aus Europa	7	8	Fußballmannschaften Europas
Lieblingsflagge in Seidenmalerei	9	10	Europa, ein Kontinent
Paule Puhmanns Paddelboot	11	12	Euro-Rätsel
Stadtrundfahrt Paris	13	14	Familie Reisefroh plant ihren Urlaub
Europakarte	15	16	Eisrezept
Europa-Trio	17	18	Produkte reisen durch Europa
Die Flaggen deutscher Nachbarländer	19	20	Europa-Quiz
Länder-Lotto	21	22	Briefmarkensammlung
Europäische Währungen in Euro umrechnen	23	24	Wichtige Begriffe zu Europa
Spielen in Europa	25	26	Wir feiern ein europäisches Fest

BVK LW 05 · Birgit Groß-Ernst / Marion Strelau: Lernwerkstatt „Reise durch Europa"

Werkstattplan von

____

	1	2	
	3	4	
	5	6	
	7	8	
	9	10	
	11	12	
	13	14	
	15	16	
	17	18	
	19	20	
	21	22	
	23	24	
	25	26	

BVK LW 05 · Birgit Groß-Ernst / Marion Strelau: Lernwerkstatt „Reise durch Europa“

Auftragskarte zum Werkbereich: 1

Europa auf der Weltkarte

Schaue auf die große Karte. Kannst du feststellen, welche großen Meere an Europa grenzen?

Welche Länder gehören zu
- Nordeuropa
- Osteuropa
- Südosteuropa
- Südeuropa
- Westeuropa

Nimm das Arbeitsblatt und ordne richtig zu.

Auftragskarte zum Werkbereich: 2

Hauptstädte, Sehenswürdigkeiten

In jeder europäischen Hauptstadt gibt es besondere Sehenswürdigkeiten, für die die Stadt berühmt ist. Beispielsweise der Petersdom in Rom oder der Kreml in Moskau.

Schau' dir die Bilder auf dem Arbeitsblatt an. Sie zeigen immer eine bekannte Sehenswürdigkeit der angegebenen Hauptstadt. Schreibe dann zu jedem Bild die zugehörige Hauptstadt und die Sehenswürdigkeit auf die Linie.
Suche dir eine Sehenswürdigkeit aus und forme sie mit dem Material.

BVK LW 05 - Birgit Groß-Ernst / Marion Strelau: Lernwerkstatt „Reise durch Europa"

Auftragskarte zum Werkbereich: 3

Steckbrief

Gibt es ein Land in Europa, das dir besonders gut gefällt?

Fertige einen Steckbrief zu deinem Lieblingsland an.
Du kannst es so wie in dem Beispiel machen, vielleicht hast du aber auch eine eigene Idee.

Auftragskarte zum Werkbereich: 4

Zeitungen aus Europa

Wir können in Deutschland am Bahnhof oder am Flughafen Zeitungen aus anderen europäischen Ländern kaufen.

Finde heraus, welche Zeitung aus welchem Land kommt.
Klebe den Namen des Landes unter den Zeitungsausschnitt.

BVK LW 05 · Birgit Groß-Ernst / Marion Strelau: Lernwerkstatt „Reise durch Europa"

Auftragskarte zum Werkbereich: 5

Versteckte Ländernamen

Detektivarbeit!

Finde die versteckten Ländernamen.
Schreibe sie auf und gib die dazugehörige Hauptstadt an.

Auftragskarte zum Werkbereich: 6

Begrüßen und Verabschieden in den Ländern Europas

Finde heraus, wie man sich in den einzelnen Ländern Europas begrüßt und verabschiedet.
Verbinde immer zwei Kinder miteinander, fülle dann den Lückentext aus.

BVK LW 05 · Birgit Groß-Ernst / Marion Strelau: Lernwerkstatt „Reise durch Europa"

Auftragskarte zum Werkbereich: 7

Warenkorb aus Europa

Viele leckere Sachen, die wir essen, kommen nicht aus Deutschland, sondern aus anderen Ländern, die zu Europa gehören.

Entdecke, welches Produkt aus welchem Land kommt und fülle das Arbeitsblatt aus.

Auftragskarte zum Werkbereich: 8

Fußballmannschaften Europas

Finde die Länder heraus, in denen die Fußbälle liegen.

Versuche nun die Namen der Fußballvereine dem richtigen Land zuzuordnen. Schreibe die Nummer vor den Namen des Fußballvereins.

BVK LW 05 · Birgit Groß-Ernst / Marion Strelau: Lernwerkstatt „Reise durch Europa“

Auftragskarte zum Werkbereich: 9

Lieblingsflagge in Seidenmalerei

Hast du eine europäische Lieblingsflagge?

Male sie mit Seidenmalfarbe auf ein Stück Seide auf.
Spanne hierzu ein Stück Seide mit Heftzwecken auf den Rahmen.
Nun zeichnest du mit Gutta deine Flagge auf. Durch das Gutta können die anderen Farben nicht ineinander verlaufen. Gutta trocknen lassen.
Male deine Flagge in den richtigen Farben aus.
Wenn die Farbe getrocknet ist, löse die Seide von dem Rahmen und gehe vorsichtig mit dem Bügeleisen (von der rückwärtigen Seite) darüber. Stelle die Temperatur des Bügeleisens bitte auf Seide ein.

Auftragskarte zum Werkbereich: 10

Europa, ein Kontinent

Unsere Erde besteht aus 8 Erdteilen, genannt Kontinente.
Versuche auf der Erdkugel die Kontinente richtig einzutragen.

BVK LW 05 - Birgit Groß-Ernst / Marion Strelau: Lernwerkstatt „Reise durch Europa"

Auftragskarte zum Werkbereich: 11

Paule Puhmanns Paddelboot

Paule Puhmann kommt weit herum. Dichte noch eine weitere Strophe, die zu einem europäischen Land passt, dazu.
Die Begrüßungen und Verabschiedungen findest du auf dem beiliegenden Infoblatt.

Auftragskarte zum Werkbereich: 12

Eurorätsel

Na, bist du schon ein Europakenner?

Versuche das Eurorätsel zu lösen.

BVK LW 05 · Birgit Groß-Ernst / Marion Strelau: Lernwerkstatt „Reise durch Europa"

Auftragskarte zum Werkbereich: 13

Stadtrundfahrt Paris

Du machst eine Stadtrundfahrt durch Paris. Du bist ganz beeindruckt von all den Sehenswürdigkeiten. Ein solcher Tag kostet Zeit und Geld.

Bearbeite die beiden Arbeitsblätter.

Auf dem einen Arbeitsblatt siehst du eine schöne Kirche, die „Notre Dame" heißt. Das bedeutet „Unsere (liebe) Frau". Die Fensterrosetten in der Mitte der Kirche haben wunderschöne Farben. Wie wäre es, wenn du die Kirchenfenster nach deinen Ideen bunt malen würdest?

Auftragskarte zum Werkbereich: 14

Familie Reisefroh plant ihren Urlaub

Familie Reisefroh hat sich vorgenommen, zwei europäische Städte kennen zu lernen. Hierfür müssen sie viele Kilometer mit dem Auto hinter sich bringen.
In den Sommerferien soll die Reise von Hamburg nach Prag und in den Weihnachtsferien von Hamburg nach Zürich in den Schnee gehen.
Schau' dir die Karte an und berechne die beiden Reisestrecken mit Hilfe der Kilometerangaben.

BVK LW 05 · Birgit Groß-Ernst / Marion Strelau: Lernwerkstatt „Reise durch Europa"

Auftragskarte zum Werkbereich: 15

Europakarte

Vor dir liegt eine Karte Europas, in der die Namen der Länder aber noch fehlen.

Nimm dir eine geeignete Europakarte und schaue nach, wie die einzelnen Länder heißen. Trage die vorgegebenen Ländernamen auf der „leeren" Karte ein. Jetzt färbst du die einzelnen Länder in verschiedenen Farben ein. Klebe deine Karte auf eine Styroporplatte.

Wenn du bereits den Werkbereich 19 bearbeitet hast, kannst du schon einige Fähnchen von diesem Werkbereich in das entsprechende Land stecken.

Auftragskarte zum Werkbereich: 16

Eisrezept

Hast du Lust auf ein italienisches Eis? Es ist gar nicht so schwer zuzubereiten. Suche dir drei Mitschüler.
Lest euch das Rezept genau durch und stellt die notwendigen Materialien bereit.

Viel Spaß dabei!

BVK LW 05 · Birgit Groß-Ernst / Marion Strelau: Lernwerkstatt „Reise durch Europa"

Auftragskarte zum Werkbereich: 17

Europa-Trio

Kennst du dich schon ein wenig mit den Flaggen, Autokennzeichen und Hauptstädten Europas aus?

Dann suche dir Partner, die mit dir Europa-Trio spielen wollen. Zwei bis vier Spieler können mitmachen. Malt die Flaggen zuerst an und schneidet die Kärtchen aus. Spielt nach den Memory-Regeln. In einem Trio gehören aber immer drei Karten zusammen, also darf man immer auch drei Karten auf einmal aufdecken.

Auftragskarte zum Werkbereich: 18

Produkte reisen durch Europa

Viele leckere Sachen, die auf deinem Tisch landen, haben oft eine weite Reise hinter sich.
Schaue dir auf der Karte an, aus welchen Ländern die Butter, der Lachs und die Orangen kommen.
Bearbeite dann die drei Aufgaben.

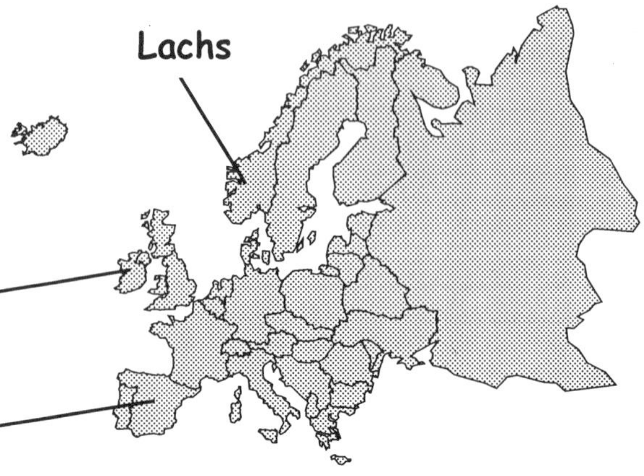

BVK LW 05 · Birgit Groß-Ernst / Marion Strelau: Lernwerkstatt „Reise durch Europa"

Auftragskarte zum Werkbereich: 19

Flaggen deutscher Nachbarländer

Male die Flaggen in den angegebenen Farben an, schneide sie aus und klebe einen Zahnstocher als Fahnenstange an einen Rand der Rückseite.

Die Fähnchen brauchst du für Werkbereich 15.

Auftragskarte zum Werkbereich: 20

Europa-Quiz

Hast du schon viel über Europa gelernt?

Teste dich selbst und beantworte die Fragen des Europa-Quiz.

BVK LW 05 · Birgit Groß-Ernst / Marion Strelau: Lernwerkstatt „Reise durch Europa"

Auftragskarte zum Werkbereich: 21

Länder-Lotto

Hast du Lust Länder-Lotto zu spielen? Dann suche dir drei weitere Kinder, die mitmachen wollen. Lest euch zuerst die Spielregeln durch. Viel Spaß beim Spielen!

Spielregeln:

In dem Spiel geht es um 4 Länder: Türkei, Spanien, Niederlande und Griechenland. Jedes Kind entscheidet sich zuerst für ein Land. Zu diesem Land gehört immer ein Sammelfeld mit leeren Kästchen und Bildkarten. Jedes Kind bekommt ein Sammelfeld. Alle Bildkarten werden umgedreht und in die Mitte gelegt. Nun deckt der Reihe nach jeder Spieler eine Karte auf. Gehört die Bildkarte zu seinem Land, so darf er sie behalten und auf sein Sammelfeld legen. Passt die Bildkarte nicht zum Land, muss der Spieler sie wieder verdeckt in die Mitte legen. Gewonnen hat, wer sein Sammelfeld als erstes ausgelegt hat.

Auftragskarte zum Werkbereich: 22

Briefmarkensammlung

Möchtest du dir eine kleine europäische Briefmarkensammlung anlegen?

Dann klebe verschiedene Briefmarken aus europäischen Ländern auf die freien Felder des Sammelblattes.

BVK LW 05 · Birgit Groß-Ernst / Marion Strelau: Lernwerkstatt „Reise durch Europa“

Auftragskarte zum Werkbereich: 23

Europäische Währungen in Euro umrechnen

Wahrscheinlich hast du schon gehört, dass wir in Europa bald nicht mehr mit Mark, Franc, Lire oder Pfund bezahlen, sondern es nur noch eine gemeinsame Währung, den Euro, geben wird. Unser „altes“ Geld können wir bei jeder Bank gegen die neue Währung eintauschen.

Die Tabelle auf dem Arbeitsblatt zeigt dir, wie viel Euro man für die alten Währungen bekommt. Löse mit Hilfe dieser Tabelle die Aufgaben darunter.

Auftragskarte zum Werkbereich: 24

Wichtige Begriffe zu Europa

Europa hat in der Welt eine bedeutende politische Funktion.

Lies dir den Text genau durch. Versuche dann das Rätsel zu lösen. Die Buchstaben in den Sternen ergeben ein Lösungswort.

BVK LW 05 · Birgit Groß-Ernst / Marion Strelau: Lernwerkstatt „Reise durch Europa“

Auftragskarte zum Werkbereich: 25

Spielen in Europa

In vielen Ländern spielen die Kinder andere Spiele als du in Deutschland.

Schaue dir die Bücher an, suche dir ein Spiel aus, das dir besonders gut gefällt.
Schreibe auf die Karteikarte eine kurze Spielanleitung.

Auftragskarte zum Werkbereich: 26

Wir feiern ein europäisches Fest

Wenn alle Kinder mit der Werkstatt „Eine Reise durch Europa“ fertig sind, wollen wir ein „europäisches Fest“ feiern.

Notiere auf der Karte deine Vorschläge, wie wir unseren Morgen gestalten können (Lieder, Tänze, Essen und Trinken, Spiele ...).

BVK LW 05 · Birgit Groß-Ernst / Marion Strelau: Lernwerkstatt „Reise durch Europa“

Arbeitsblatt

Werkbereich 1: Europa auf der Weltkarte

Meere, die an Europa grenzen (schreibe in die leeren Kästen!):

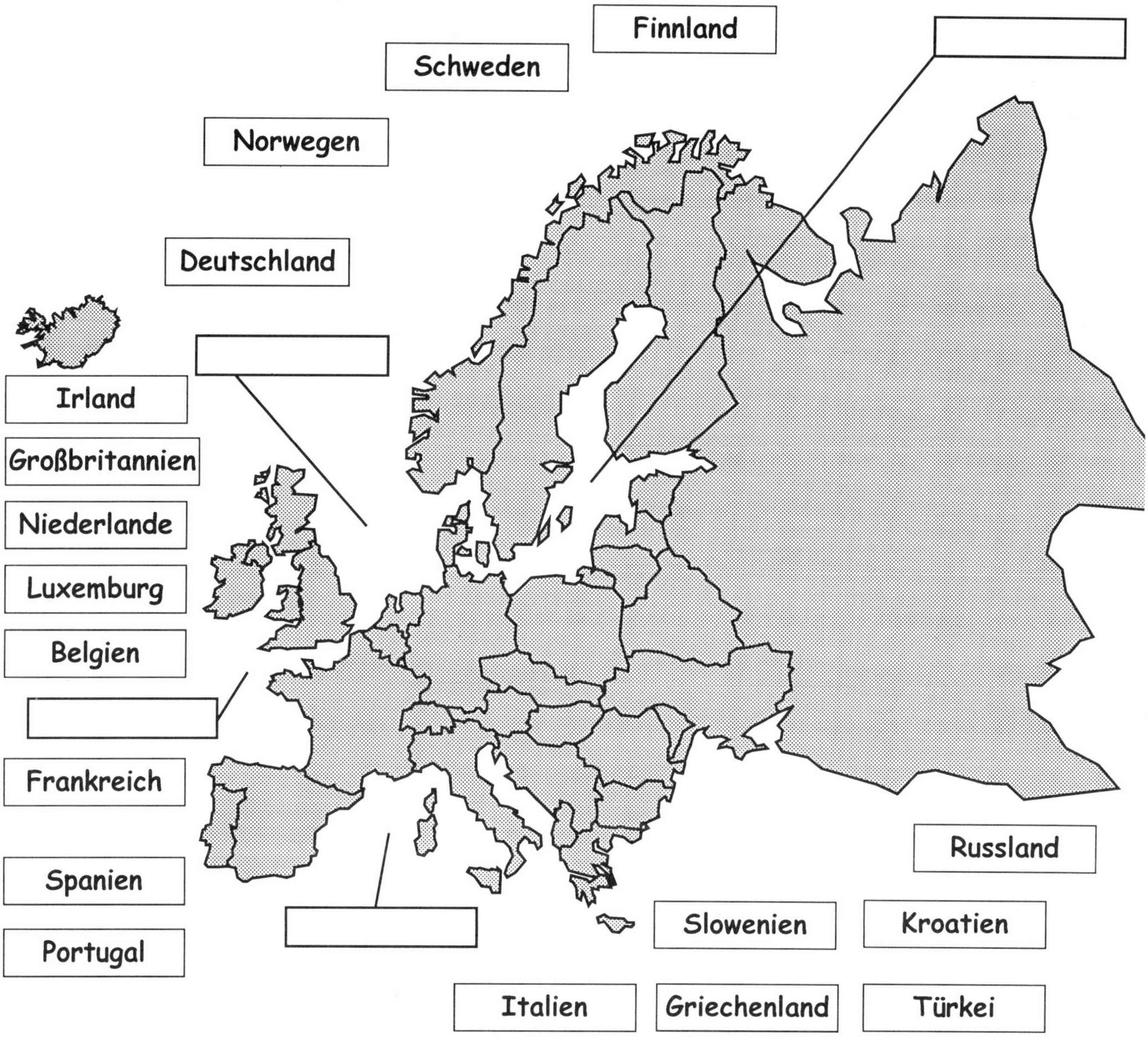

Zu **Nord**europa gehört: ______________________________

Zu **Ost**europa gehört: ______________________________

Zu **Südost**europa gehört: ______________________________

____

Zu **Süd**europa gehört: ______________________________

Zu **West**europa gehört: ______________________________

BVK LW 05 · Birgit Groß-Ernst / Marion Strelau: Lernwerkstatt „Reise durch Europa"

Arbeitsblatt

Werkbereich 2: Hauptstädte, Sehenswürdigkeiten

Rom	Berlin	London	Paris
Brandenburger Tor	Triumpfbogen	Colosseum	Tower Bridge

BVK LW 05 · Birgit Groß-Ernst / Marion Strelau: Lernwerkstatt „Reise durch Europa"

Arbeitsblatt

Werkbereich 3: Steckbrief

Steckbrief:

Land: ______________________________

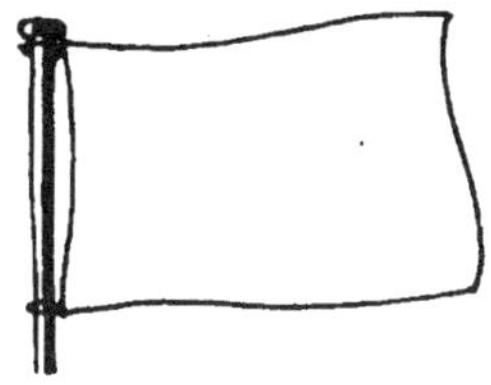

Flagge

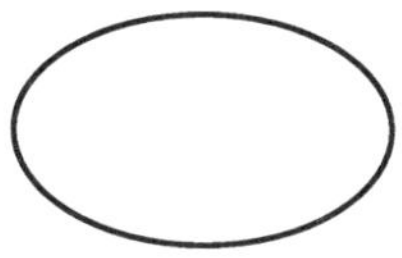

Autokennzeichen

Hauptstadt: ______________________________

Sprache: ______________________________

Größe (qkm): ______________________________

Einwohnerzahl: ______________________________

Große Städte: ______________________________

____

Große Flüsse: ______________________________

____

Große Berge: ______________________________

____

Hier ist Platz für ein Foto oder Bild!

Produkte aus diesem Land, die bei uns zu kaufen sind: ______________________________

____

Besonderheiten (Speisen / Bräuche / Tänze usw.): ______________________________

____

Bekannte Frauen / Männer (Politiker, Künstler, Sportler usw.): ______________________________

____

Bekannte Sportvereine (Fußballclubs, Eishockeyclubs usw.): ______________________________

____

BVK LW 05 · Birgit Groß-Ernst / Marion Strelau: Lernwerkstatt „Reise durch Europa"

Arbeitsblatt

Werkbereich 4: Zeitungen aus Europa

LE FIGARO
premier quotidien national français
LE FIGARO magazine + madame + TV
L'ex-préfet de Corse maintenu en détention
Ce que le préfet Bonnet a dit au juge
Questions
Œufs et poulets retirés de la vente en Belgique
Les joies de Roland-Garros

EL PAIS
DIARIO INDEPENDIENTE DE LA MAÑANA
Satisfacción de Chernomirdin y reacción de prudencia de Estados Unidos y de la OTAN
Milosevic acepta la declaración del Grupo de los Ocho como base de un acuerdo de paz
Una compañía que presidía Piqué pagó 150 millones a la firma comisionista de De la Rosa
Yeltsin destituye al viceprimer ministro

Türkiye
29 MAYIS 1999 CUMARTESİ
GÜNLÜK SİYASİ GAZETE
İstanbul'un alınışının 546. y
FETİH heyecanı
DSP-MHP-ANAP hükümeti resmen kuruldu
SÜPER BİR YAZI DİZİSİ
Haydi iş başına
Bugün 29 Mayıs
Büyük fetih!

la Repubblica
omnitel
TERRORISMO
L'INCIDENTE
IL CASO
LA PROTESTA
Il governatore di Bankitalia: subito tagli a sanità e pensioni
"Senza riforme l'economia non decolla"
Allarme di Fazio Cofferati non ci sta
Ore frenetiche per la diplomazia mentre i raid sono sempre più massicci. I serbi: colpito un sanatorio
Il rilancio di Milosevic
"Sì al G8 e all'Onu". La Nato: "Cominci a ritirarsi"
Ocalan in aula: "Chiedo scusa"
GUERRA O PACE IN MANO A MIRA

В НОМЕРЕ – РАСШИРЕННАЯ ПРОГРАММА РОССИЙСКИХ И НЕМЕЦКИХ ТЕЛЕКАНАЛОВ
31.05 – 06.06
Русская Германия
Независимая еженедельная газета
"RUSSKAJA GERMANIJA"
Лето к нам, а мы не ждали!

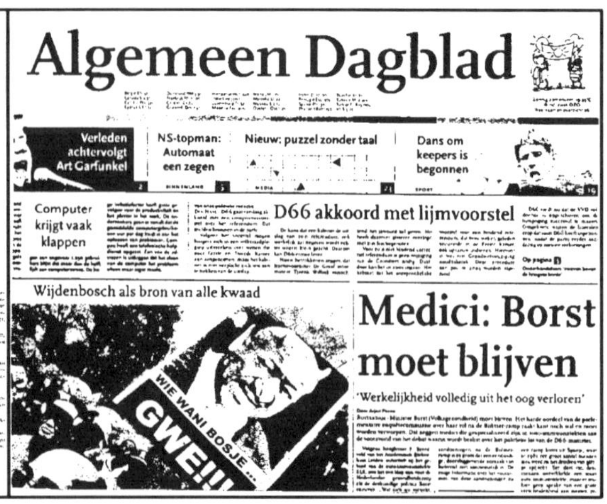
Algemeen Dagblad
Verleden achtervolgt Art Garfunkel
NS-topman: Automaat een zegen
Nieuw: puzzel zonder taal
Dans om keepers is begonnen
Computer krijgt vaak klappen
D66 akkoord met lijmvoorstel
Wijdenbosch als bron van alle kwaad
Medici: Borst moet blijven
'Werkelijkheid volledig uit het oog verloren'

✂

Italien	Türkei	Frankreich
Niederlande	Spanien	Russland

BVK LW 05 · Birgit Groß-Ernst / Marion Strelau: Lernwerkstatt „Reise durch Europa"

Arbeitsblatt

Werkbereich 5: Versteckte Ländernamen

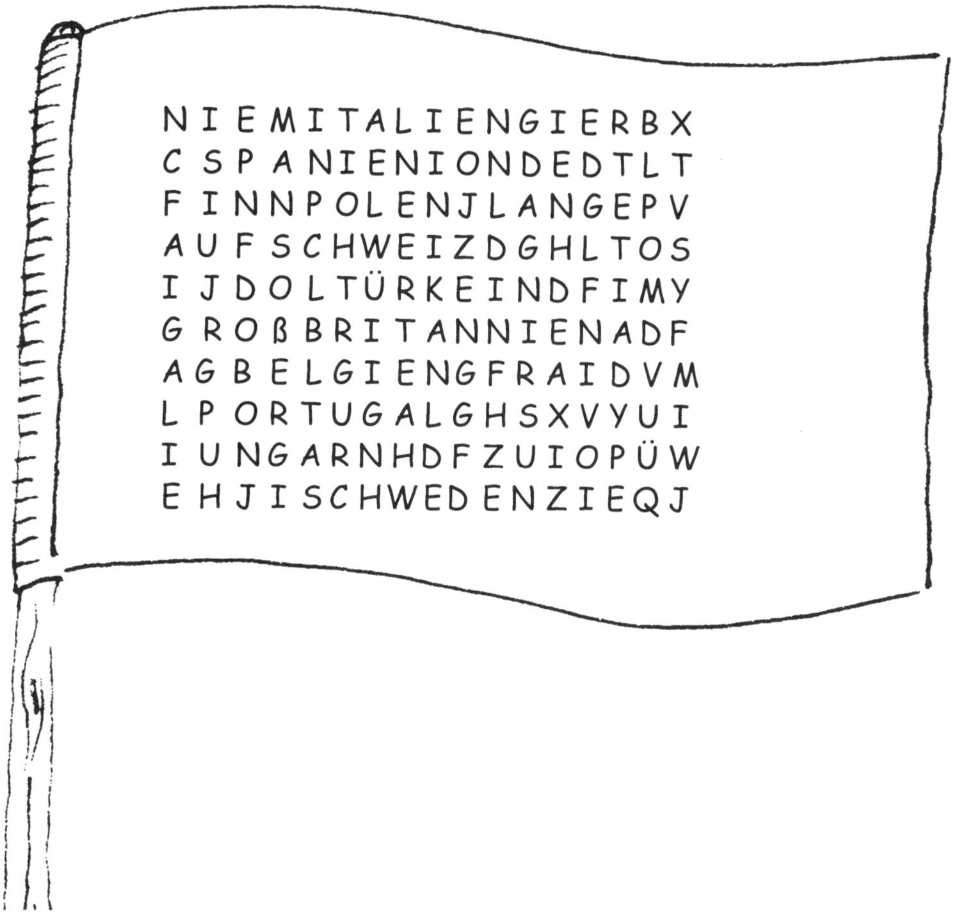

In der Flagge haben sich 10 Länder versteckt!
Finde die 10 Länder und schreibe ihre Namen unten auf!
Schreibe hinter den Ländernamen den Namen der Hauptstadt!

1 ______________________________

2 ______________________________

3 ______________________________

4 ______________________________

5 ______________________________

6 ______________________________

7 ______________________________

8 ______________________________

9 ______________________________

10 ______________________________

BVK LW 05 · Birgit Groß-Ernst / Marion Strelau: Lernwerkstatt „Reise durch Europa"

Arbeitsblatt

Werkbereich 6: Begrüßen und Verabschieden in den Ländern Europas

Guten Tag!

Auf Wiedersehen!

BVK LW 05 · Birgit Groß-Ernst / Marion Strelau: Lernwerkstatt „Reise durch Europa“

Arbeitsblatt

Werkbereich 6: Begrüßen und Verabschieden in den Ländern Europas

In Frankreich sagt man ______________________ und

_________________________ .

Die Begrüßung auf türkisch heißt ______________________________

und die Verabschiedung ____________________________.

___________________________ sagt man in Griechenland, wenn man sich begegnet und

_______________________________ beim Abschied. Jan und Antje aus den Nieder-

landen begrüßen sich mit___________________________, sagen Tschüss mit

_______________________________. In Spanien ruft man sich beim Treffen

___________________________ und beim Auseinandergehen ____________________

zu. Triffst du John in London hörst du ein ___________________________ und bei der

Abreise ein ______________________________.

Die Portugiesen empfangen sich mit ______________________________ und trennen

sich mit_________________________. In Italien lautet die Übersetzung von Guten Tag

_____________________ und von Auf Wiedersehen ___________________________.

BVK LW 05 · Birgit Groß-Ernst / Marion Strelau: Lernwerkstatt „Reise durch Europa"

Arbeitsblatt

Werkbereich 7: Warenkorb aus Europa

lecker!

bon appetit!

Produkt	Herkunftsland
Schafskäse	
Baguette	
Fladenbrot	
Orangen	
Butter	
Gouda-Käse	
Tee	
Schwarzbrot	
Knäckebrot	
Schokorone	
Frischkäse	

hmmm...

guuut!

buon appetito

super!

schmatz

Kennst du noch andere Produkte aus fremden Ländern? Woher kommen sie? Ergänze die Tabelle.

BVK LW 05 · Birgit Groß-Ernst / Marion Strelau: Lernwerkstatt „Reise durch Europa"

Arbeitsblatt

Werkbereich 8: Fußballmannschaften Europas

◯ Spartak Moskau	◯ Benfica Lissabon
◯ Manchester United	◯ Paris St. Germain
◯ Bayern München	◯ Inter Mailand
◯ Real Madrid	◯ Bröndby Kopenhagen

BVK LW 05 · Birgit Groß-Ernst / Marion Strelau: Lernwerkstatt „Reise durch Europa"

Arbeitsblatt

Werkbereich 10: Europa, ein Kontinent

Afrika • Antarktis • Arktis • Asien • Australien •
Europa • Nordamerika • Südamerika

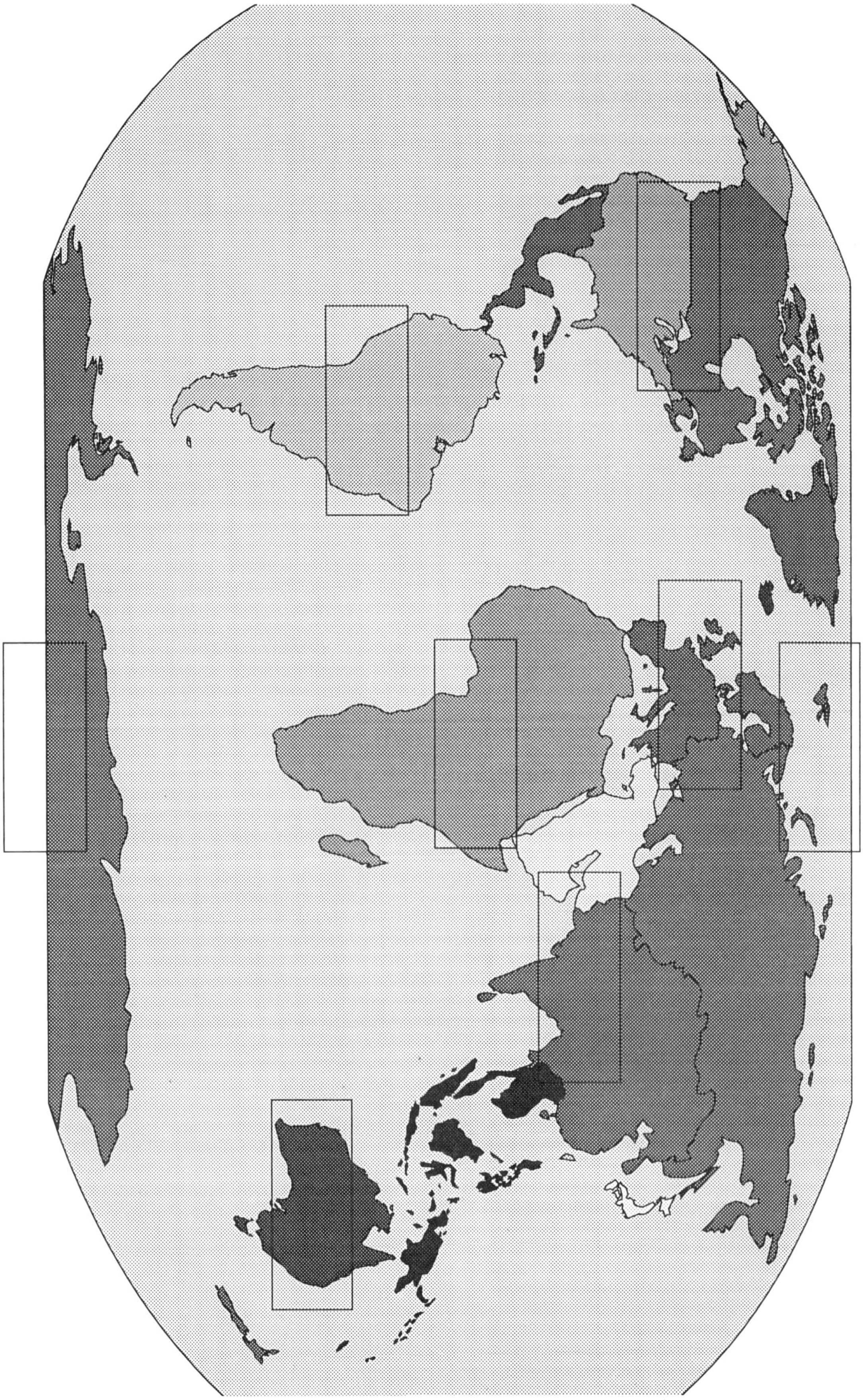

BVK LW 05 • Birgit Groß-Ernst / Marion Strelau: Lernwerkstatt „Reise durch Europa"

Arbeitsblatt

Werkbereich 11: Paule Puhmanns Paddelboot

In Paule Puhmanns Paddelboot Text und Melodie: Fredrik Vahle

2. In Portugal, da winkte uns
die Anabela zu.
Die fragte: „Darf ich mit euch mit?"
„Na klar, was denkst denn du!"
Bom dia, adeus!
Guten Tag, auf Wiedersehn!

3. In Spanien war es furchtbar heiß,
da stieg der Pedro zu.
Der brachte Apfelsinen mit,
die aßen wir im Nu.
Buenos dias, hasta la vista!
Guten Tag, auf Wiedersehn!

4. Und in Italien war'n wir auch,
da kam die Marinella.
Die brachte Tintenfische mit
auf einem großen Teller.
Buon giorno, arrivederci!
Guten Tag, auf Wiedersehn!

5. Und rund um den Olivenbaum,
da tanzten wir im Sand.
Wir nahmen den Wasili mit,
das war in Griechenland.
Kali mera, jassu, jassu,
Guten Tag, auf Wiedersehn!

6. Dann fuhr'n wir weiter übers Meer
bis hin in die Türkei.
Von da an war'n auch Ahmet und
die Ayse mit dabei.
Merhaba, güle, güle!
Guten Tag, auf Wiedersehn!

7. Und als wir dann nach Hamburg kame
stand Paule Puhmann da
und rief: „Verflixt und zugenäht!
Mein Paddelboot ist da!"
Guten Tag, auf Wiedersehn!
Bom dia, adeus!
Buenas dias, hasta la vista!
Buon giorno, arrivederci!
Kali mera, jassu, jassu!
Merhaba, güle, güle! ...

(c) AKTIVE MUSIK Verlagsgesellschaft mbH, Postfach, 44381 Dortmund

BVK LW 05 - Birgit Groß-Ernst / Marion Strelau: Lernwerkstatt „Reise durch Europa"

Infoblatt zu Werkbereich 11

Guten Tag

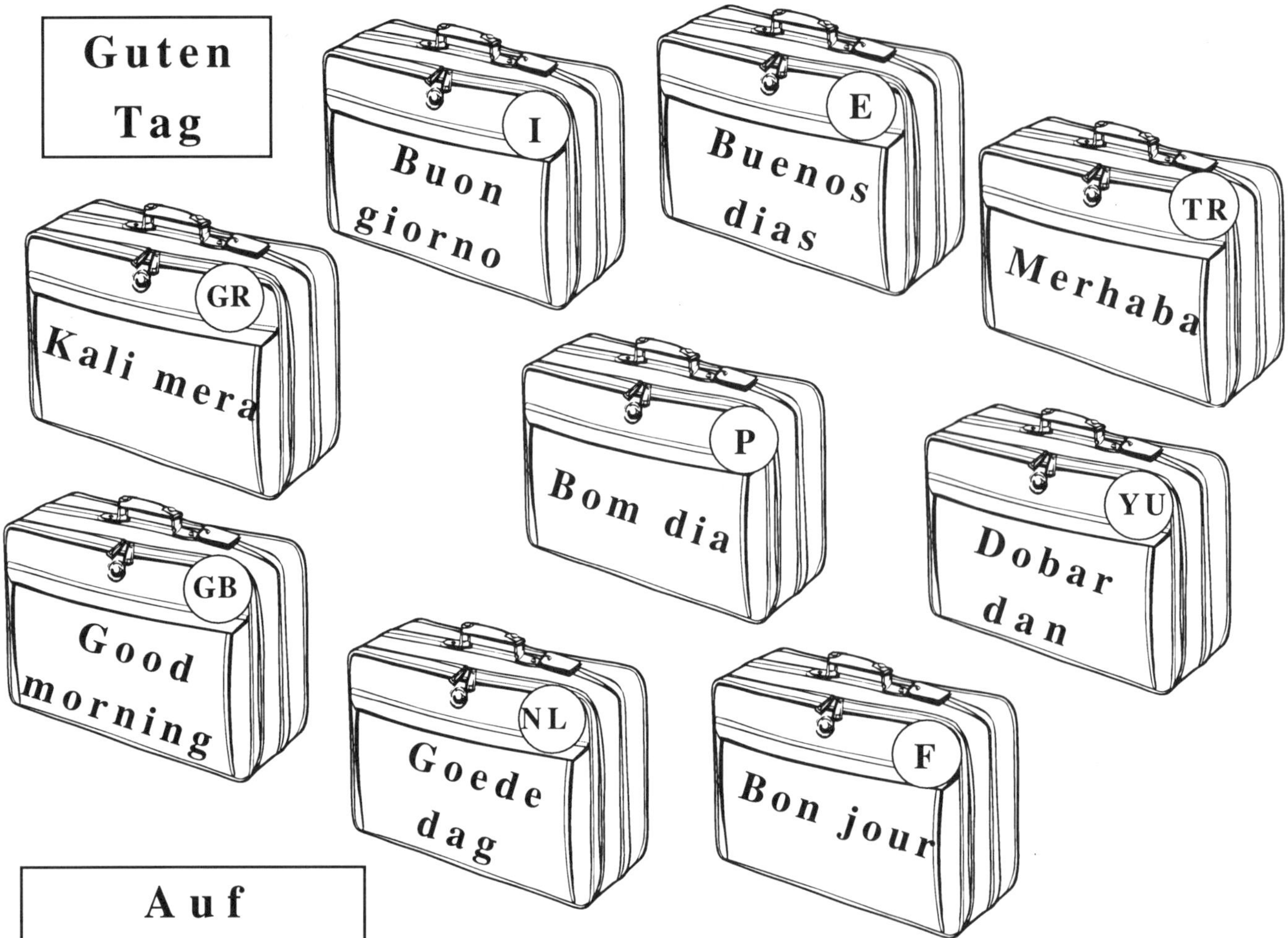

Auf Wiedersehen

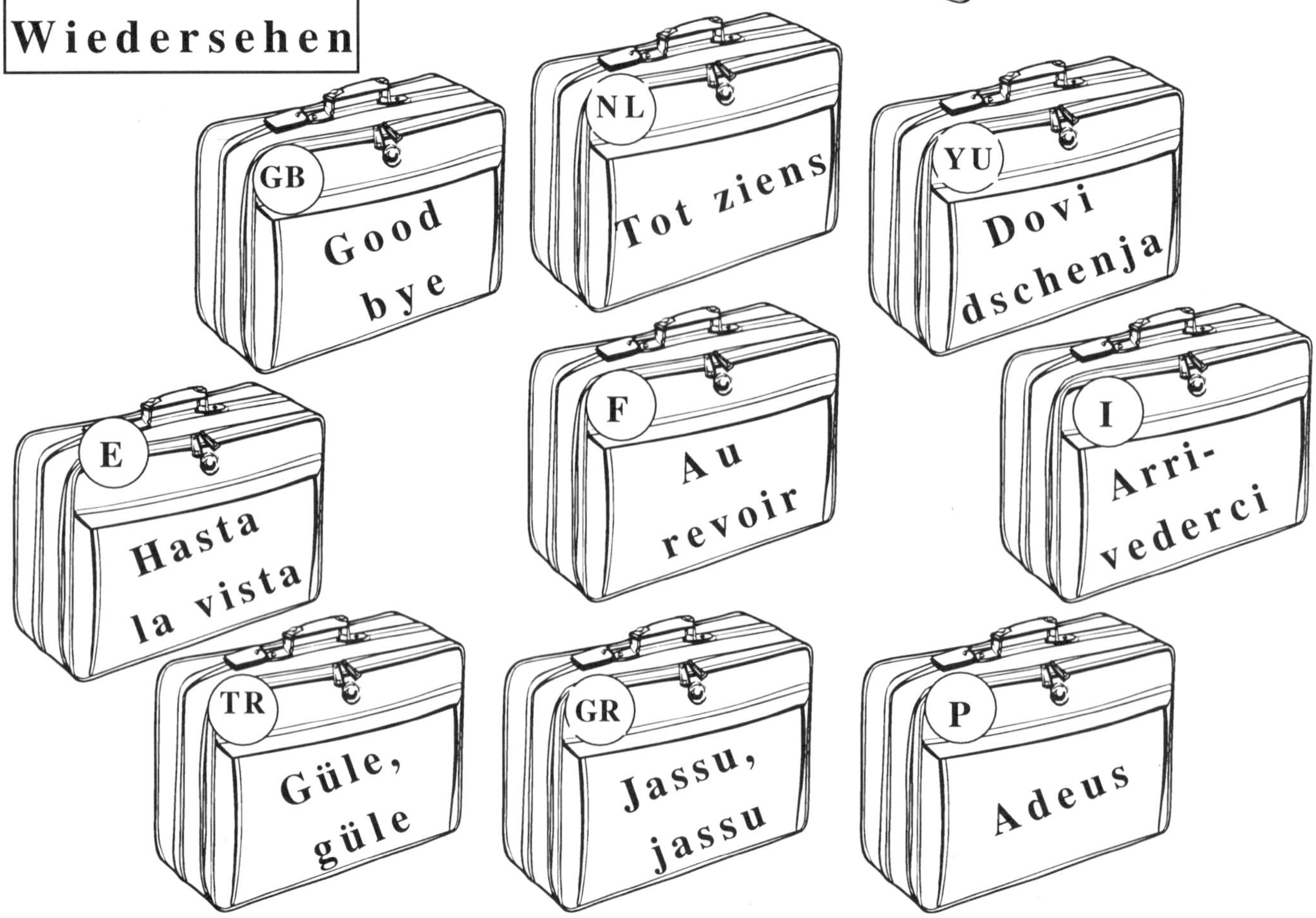

BVK LW 05 · Birgit Groß-Ernst / Marion Strelau: Lernwerkstatt „Reise durch Europa"

Arbeitsblatt

Werkbereich 12: Eurorätsel

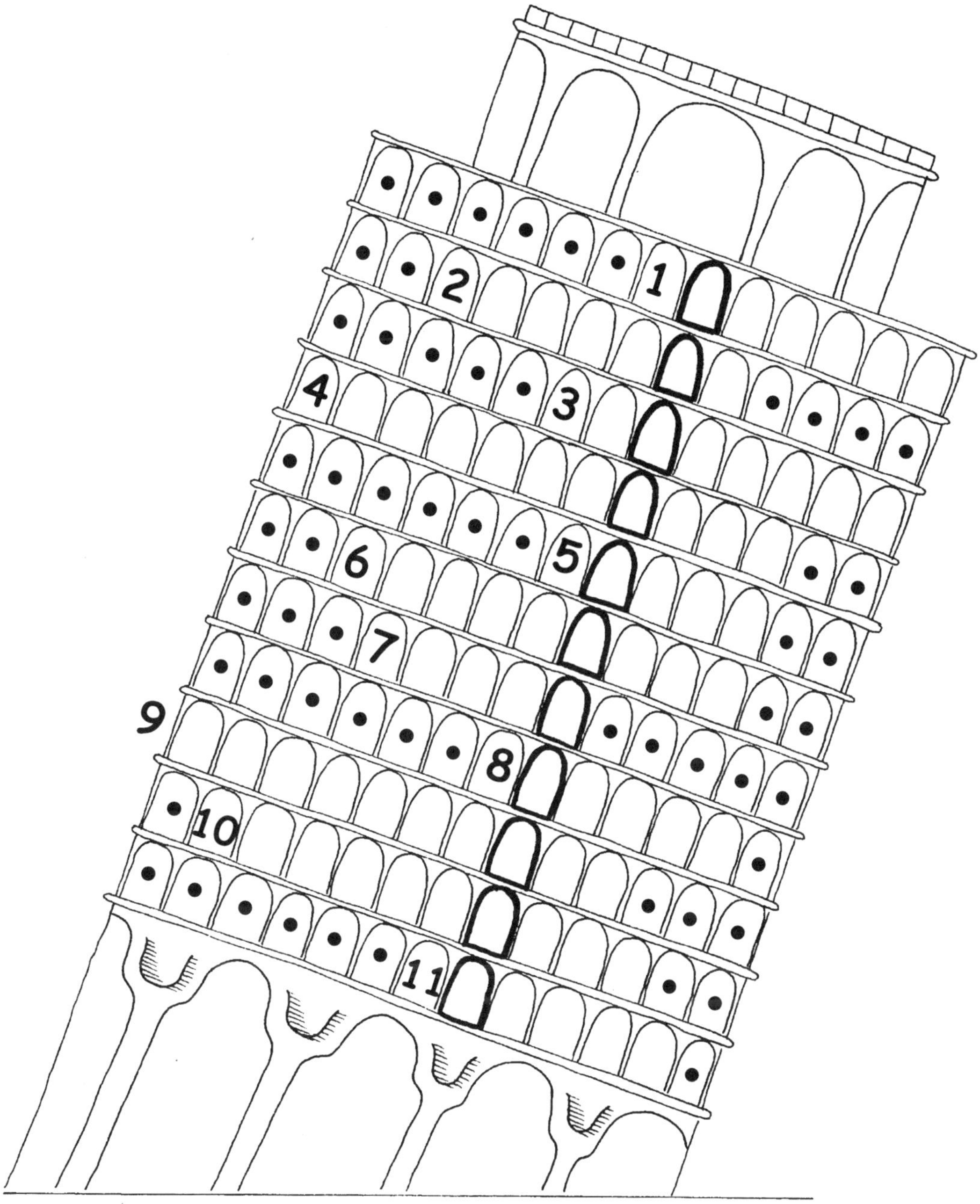

1. Die Flagge dieses Landes hat einen roten Hintergrund mit einem weißen Halbmond und einem kleinen weißen Stern rechts vom Halbmond
2. Kugel mit allen Ländern, Meeren und Gebirgen
3. Diese musst du überschreiten, wenn du in ein anderes Land willst
4. Der italienische Stiefel ist von diesem Meer umgeben
5. Wie viele Nachbarländer hat Griechenland?
6. Diese saure Frucht wächst in Südeuropa
7. Sie ist die Hauptstadt Österreichs
8. Italienische Nudelspeise
9. In diesem Land lebte der Glöckner von Notre Dame
10. Dieses Instrument spielen die Schotten in karierten Röcken
11. Das größte europäische Gebirge

BVK LW 05 · Birgit Groß-Ernst / Marion Strelau: Lernwerkstatt „Reise durch Europa"

Arbeitsblatt

Werkbereich 13: Stadtrundfahrt Paris

Der Reisebus holt dich und deine Gruppe am Hotel ab. Er quält sich durch den Pariser Verkehr und benötigt dafür 1 Stunde und 25 Minuten. Im Louvre verbringt die Reisegruppe 95 Minuten, auf dem Eiffelturm genießt du 27 Minuten lang den tollen Ausblick über Paris. Dann besucht ihr 45 Minuten lang die Kirche von Notre Dame, wo der berühmte Glöckner die Glocken geläutet hat.

Frage: Wie lange hat deine Stadtrundfahrt gedauert?

Antwort: ____ .

BVK LW 05 · Birgit Groß-Ernst / Marion Strelau: Lernwerkstatt „Reise durch Europa"

Arbeitsblatt

Werkbereich 13: Stadtrundfahrt Paris

In Paris kann man viel Geld ausgeben!
Du kaufst dir als Erinnerung einen kleinen Eiffelturm aus Bronze für 14 FF, für die Eintrittskarten musst du 70 FF bezahlen. Ein belegtes Baguette und ein Getränk kosten dich 21 FF. Der Busfahrer verlangt für seine Stadtrundfahrt 45 FF. Die Postkarte an Oma und Opa kostet zusammen mit der Briefmarke 6 FF.

1. Wieviel Franc hast du an diesem Tag in Paris ausgegeben?

2. Rechne aus, wie viel DM die Summe ergibt: 3 FF sind ungefähr 1 DM.

3. Wandle den DM-Betrag in Euro um. 2 DM sind ungefähr 1 Euro.

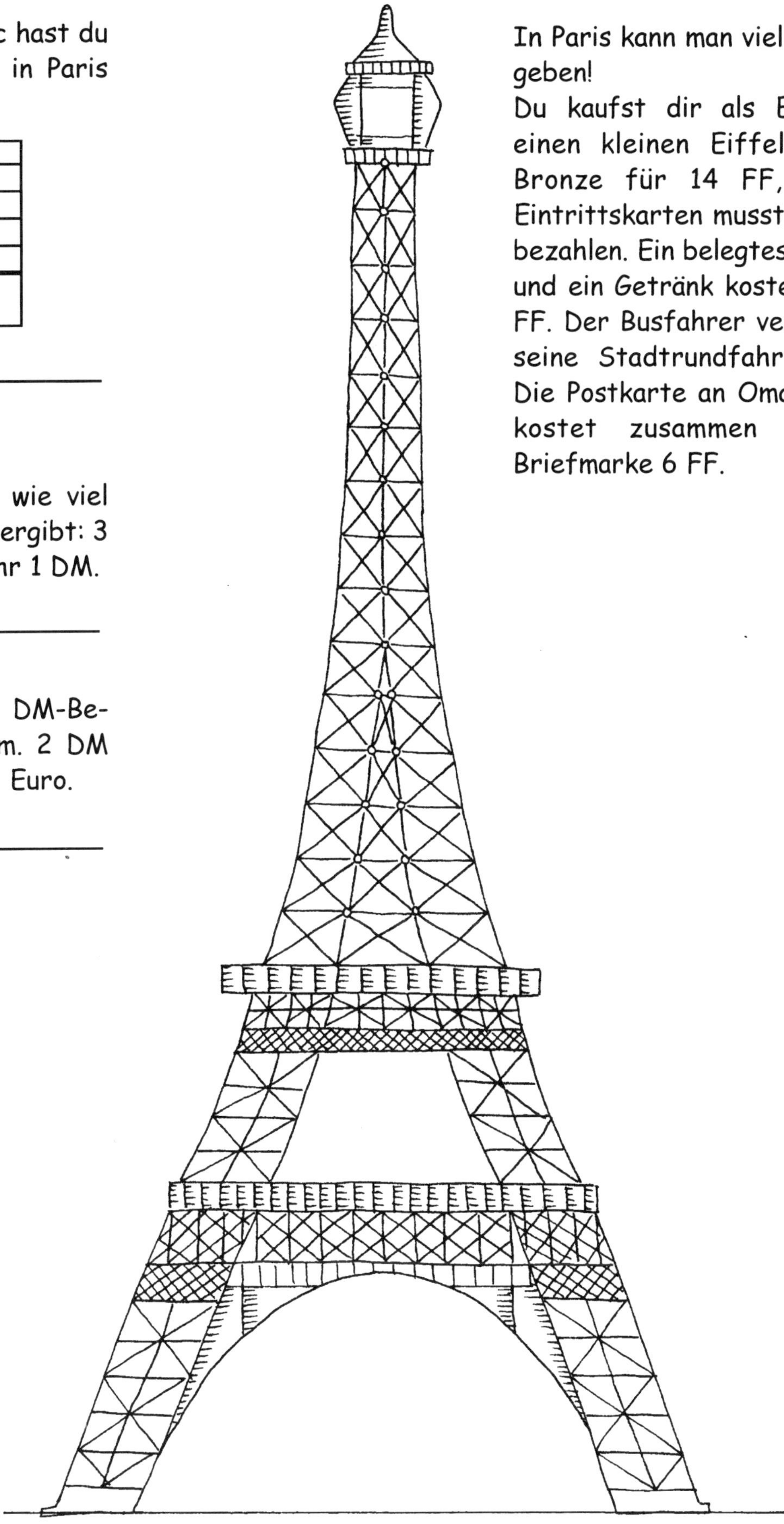

BVK LW 05 - Birgit Groß-Ernst / Marion Strelau: Lernwerkstatt „Reise durch Europa"

Arbeitsblatt

Werkbereich 14: Familie Reisefroh plant ihren Urlaub

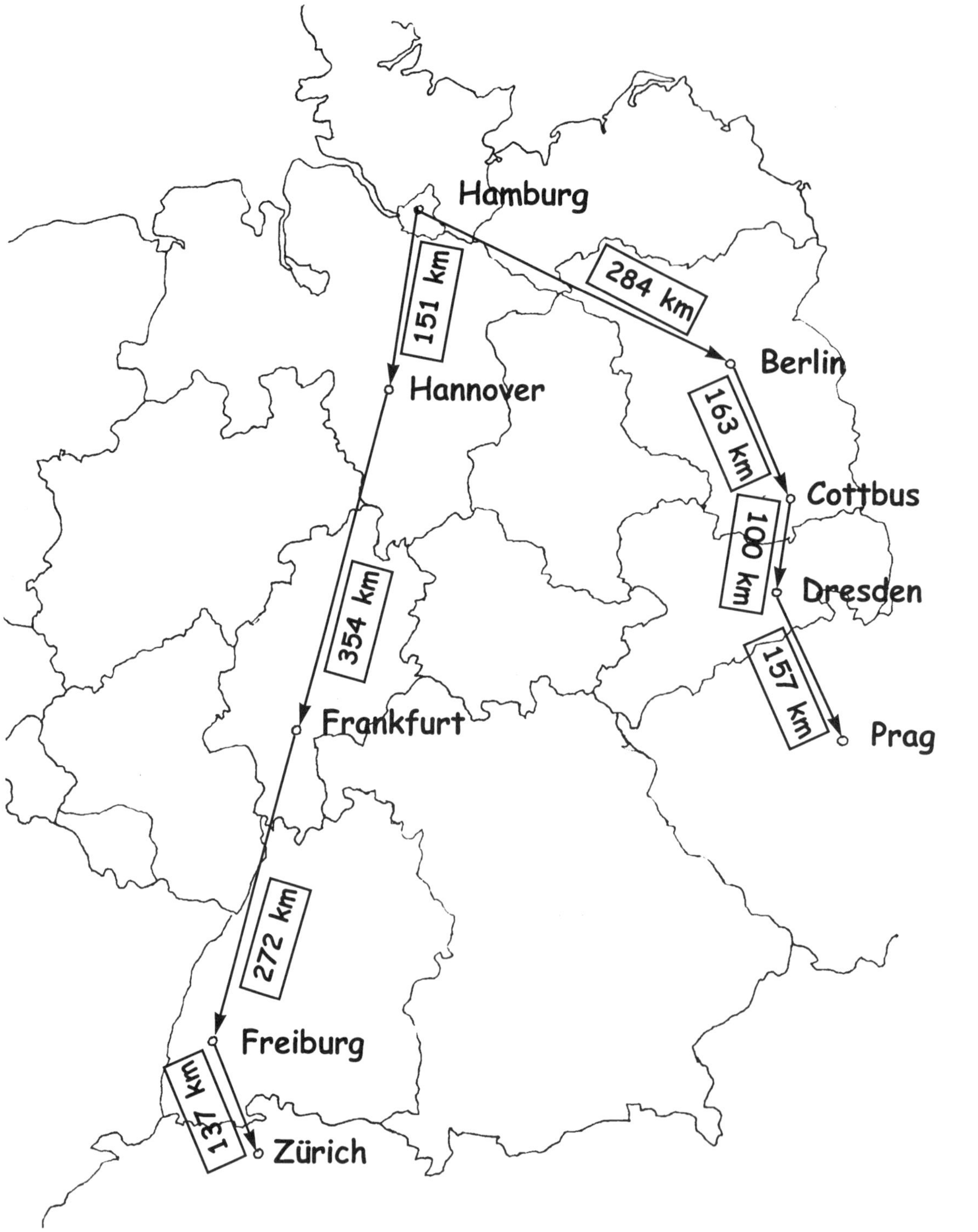

von Hamburg nach Zürich:

__________ km
__________ km
__________ km
__________ km
__________ km insgesamt

von Hamburg nach Prag:

__________ km
__________ km
__________ km
__________ km
__________ km insgesamt

BVK LW 05 · Birgit Groß-Ernst / Marion Strelau: Lernwerkstatt „Reise durch Europa"

Arbeitsblatt

Werkbereich 15: Europakarte

Dänemark · Schweden · Polen · Russland · Griechenland · Italien · Portugal · Frankreich · Großbritannien · Rumänien · Norwegen · Spanien

BVK LW 05 · Birgit Groß-Ernst / Marion Strelau: Lernwerkstatt „Reise durch Europa"

Arbeitsblatt

Werkbereich 16: Eisrezept

Hier lernt ihr ein italienisches Eisrezept kennen:

Ihr braucht:

(Italienisch)	(Deutsch)
- 2 banane	- 2 Bananen
- 1 limone	- 1 Zitrone
- 100g zucchero	- 100g Zucker
- 100g panna	- 100g Sahne
- 250g joghurt	- 250g Joghurt

So wird´s gemacht:

1. Schneidet die Bananen in kleine Stücke.
2. Teilt die Zitrone mit einem Messer in zwei Hälften. Nehmt euch die Zitronenpresse und presst den Saft aus den beiden Hälften heraus.
3. Messt mit der Küchenwaage 100g Zucker ab.
4. Gebt die Bananenstücke, den Zitronensaft und den Zucker in eine große Schüssel.
5. Nun wiegt ihr mit der Küchenwaage 100g Sahne ab und schüttet sie in eine neue Schüssel.
6. Schlagt jetzt die Sahne mit dem Handmixer steif und fügt sie zu Banane, Zucker und Zitronensaft hinzu.
7. Danach messt ihr mit der Waage 250g Joghurt ab und gebt ihn in die Schüssel zu den anderen Zutaten.
8. Zum Schluss alles gut mit dem Mixer verrühren und in 4 Dessertschälchen füllen.
9. Jetzt müsst ihr Geduld haben, denn das Eis kommt für mindestens drei Stunden in das Eisfach. Buon appetito!

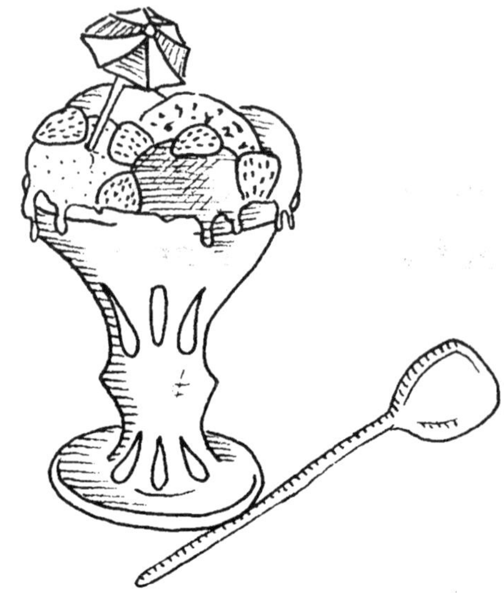

BVK LW 05 · Birgit Groß-Ernst / Marion Strelau: Lernwerkstatt „Reise durch Europa"

Arbeitsblatt

Werkbereich 17: Europa-Trio

Berlin Deutschland	GR Griechenland	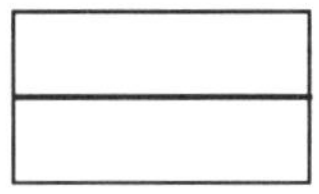 Polen	**Bern** Schweiz
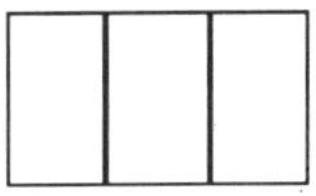 Italien	F Frankreich	**Athen** Griechenland	 Großbritannien
GB Großbritannien	**Amsterdam** Niederlande	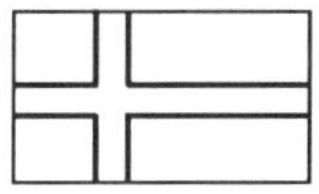 Dänemark	I Italien
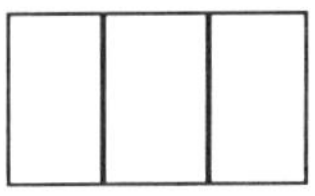 Frankreich	**Warschau** Polen	NL Niederlande	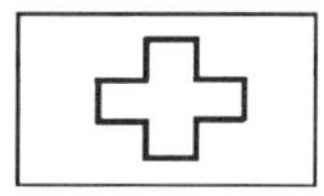 Schweiz
Rom Italien	TR Türkei	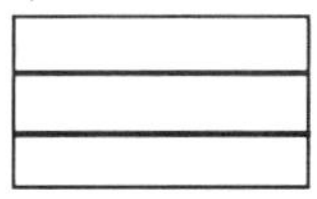 Deutschland	**Ankara** Türkei
D Deutschland	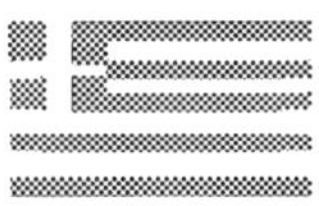 Griechenland	PL Polen	**London** Großbritannien
CH Schweiz	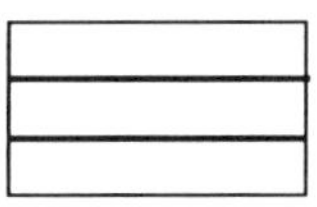 Niederlande	**Paris** Frankreich	DK Dänemark
 Türkei	**Kopenhagen** Dänemark		

BVK LW 05 · Birgit Groß-Ernst / Marion Strelau: Lernwerkstatt „Reise durch Europa“

Arbeitsblatt

Werkbereich 18: Produkte reisen durch Europa

Aufgabe 1: Schneide die Bild- und Textkarten aus! Bringe die Bildkarten in die richtige Reihenfolge und klebe sie auf ein Blatt! Setze die richtigen Texte unter die einzelnen Bilder!

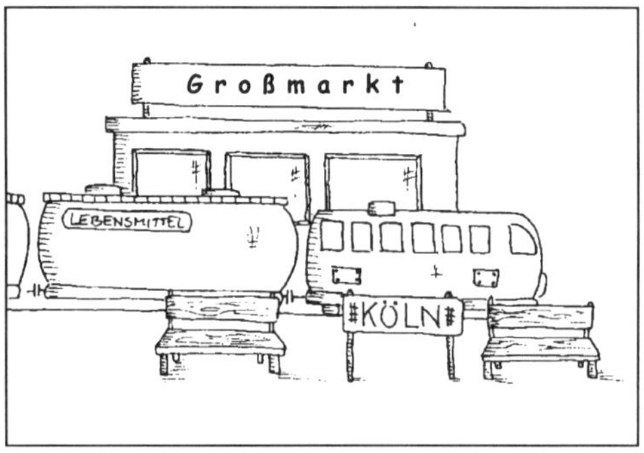

1. Für Butter braucht man viel gute Milch	2. In der Molkerei wird die Milch zu Butter verarbeitet	3. Mit dem Kühlwagen geht es zum Hafen von Dublin
4. Es geht weiter mit dem Schiff zum Frachthafen von Rotterdam	5. Vom Frachthafen gelangt die Butter mit dem Zug zum Großmarkt in Köln	6. Die Butter wird mit LKWs zu den Geschäften gefahren
7. Hier kaufst du die Butter ein und bringst sie nach Hause		

BVK LW 05 · Birgit Groß-Ernst / Marion Strelau: Lernwerkstatt „Reise durch Europa"

Arbeitsblatt

Werkbereich 18: Produkte reisen durch Europa

Aufgabe 2:
Markus hat den Weg des Lachses von Norwegen nach Berlin beschrieben. Aber irgendwie hat er nicht aufgepasst. Unterstreiche mit einem grünen Stift alles, was nicht stimmt. Schreibe das richtige darüber.

Knut Sörensen fängt vor der norwegischen Küste Lachs. Mit seinem Kühllastwagen bringt er den Fisch in die norwegische Hauptstadt Stockholm. Auf dem großen Obstmarkt wird der Lachs an einen Händler verkauft. Dieser lässt ihn auf ein Schiff verladen, das Russland ansteuert. Der Luxusliner schippert über das rauhe Mittelmeer und erreicht den Hamburger Hafen. Hier wird der Fisch mit dem Zug in Kühlwaggons nach Berlin transportiert. Von dort gelangt er mit LKWs zu den Fischgeschäften und Supermärkten Berlins.

Aufgabe 3:
Schreibe mit Hilfe der Stichworte und der Karte einen kleinen Text, der erzählt, wie die Orange vom Herkunftsland in deine Obstschale kommt.

Spanien, Plantage, Orangenbaum, Bauer Pedro, Kisten, Ernte, Traktor, Großmarkt Madrid, LKW, Flughafen, Frankfurt, Zug, Großmarkt, Händler, Lieferwagen, Geschäft

BVK LW 05 · Birgit Groß-Ernst / Marion Strelau: Lernwerkstatt „Reise durch Europa"

Arbeitsblatt

Werkbereich 19: Flaggen deutscher Nachbarländer

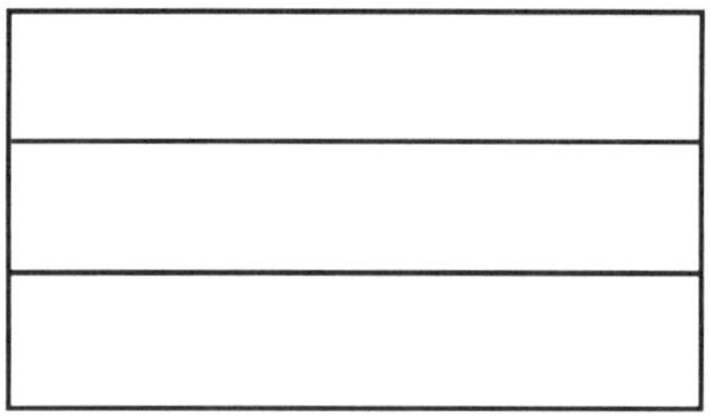

oben: rot
Mitte: weiß
unten: mittelblau

L

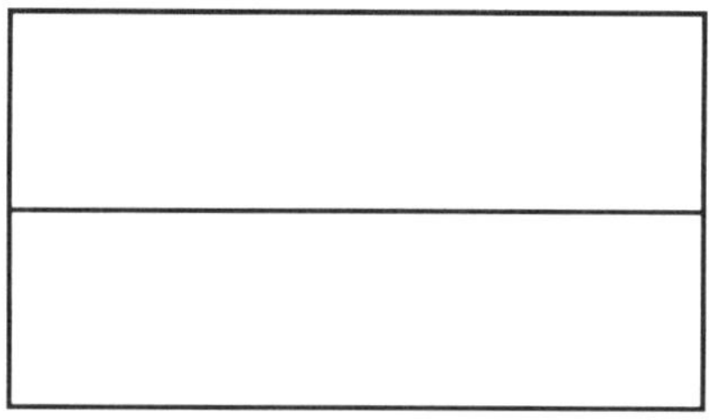

oben: weiß
unten: rot

PL

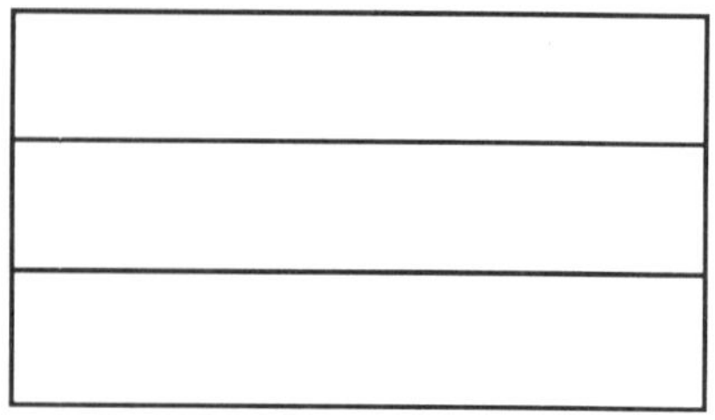

oben: rot
Mitte: weiß
unten: mittelblau

NL

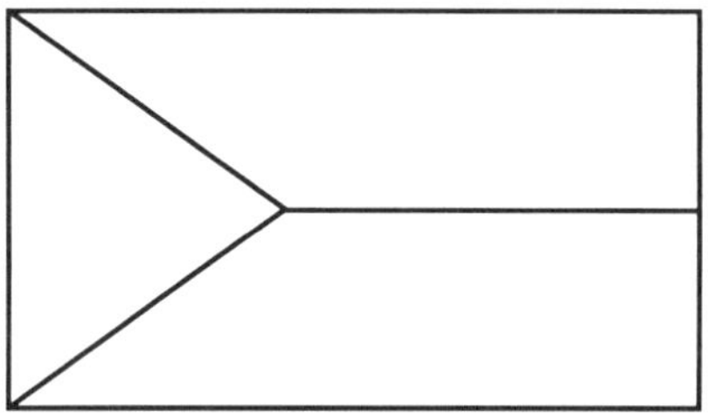

links: mittelblau
oben: weiß
unten: rot

CZ

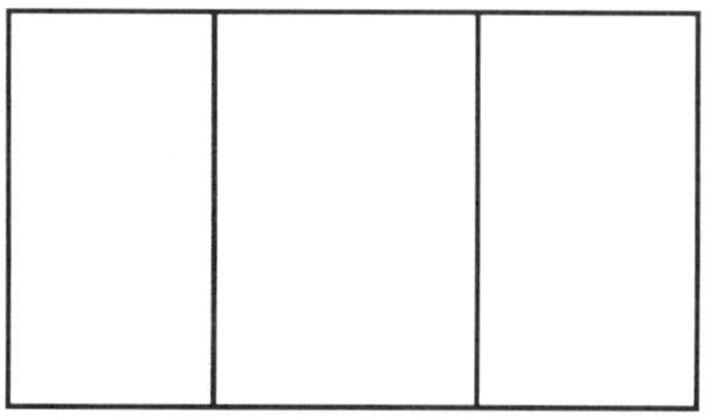

links: grün
Mitte: weiß
rechts: rot

I

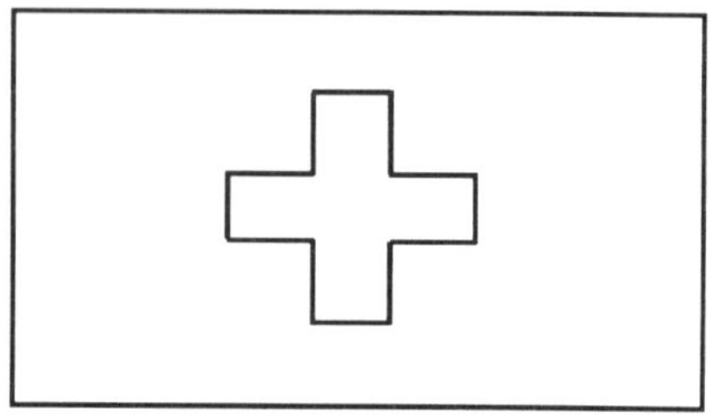

Hintergrund: rot
Kreuz: weiß

CH

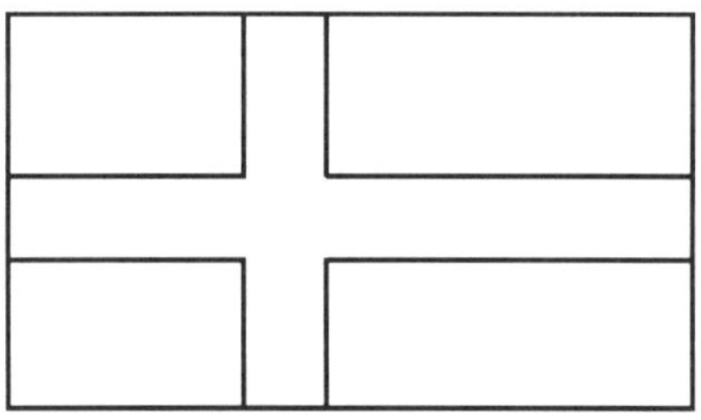

Hintergrund: hell-blau
Kreuz: gelb

S

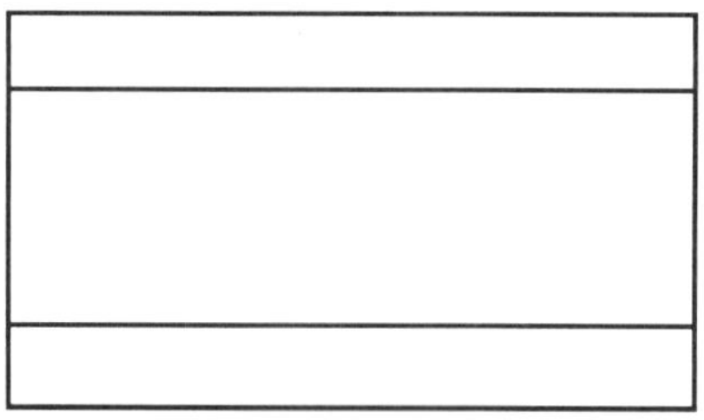

oben: rot
Mitte: gelb
unten: rot

E

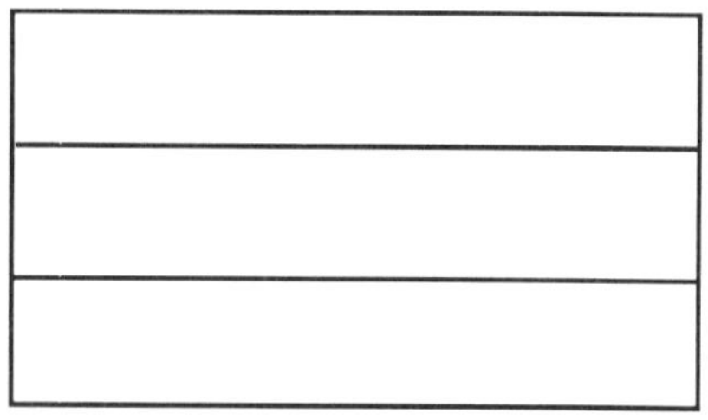

oben: rot
Mitte: weiß
unten: rot

A

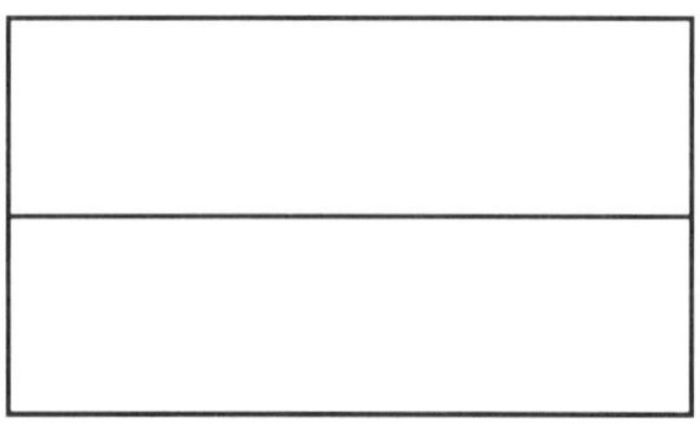

oben: rot
unten: weiß

MC

oben: rot
Mitte: weiß
unten: mittelgrün

H

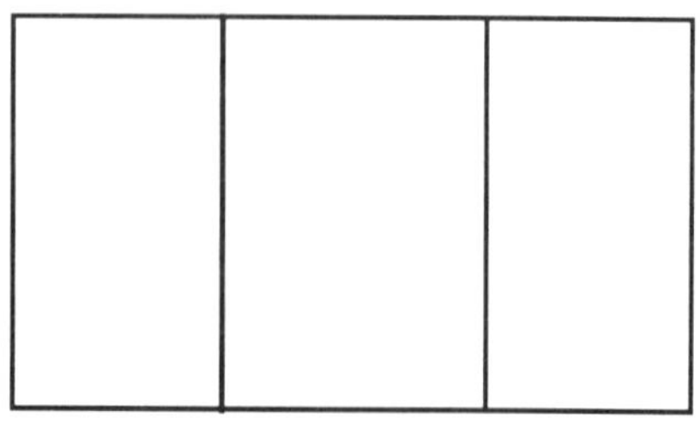

links: dunkelblau
Mitte: weiß
rechts: rot

F

BVK LW 05 · Birgit Groß-Ernst / Marion Strelau: Lernwerkstatt „Reise durch Europa"

Arbeitsblatt

Werkbereich 20: Europa-Quiz

Schreibe alle Länder Europas auf, die du kennst.

Vergleiche nun mit dem Atlas und ergänze.

Schreibe fünf Nachbarländer von Deutschland auf.

Kennst du die Hauptstädte von ...?

Deutschland	Frankreich	Niederlande
Polen	Türkei	Italien
Belgien	Dänemark	Spanien

Kennst du noch mehr Länder und ihre Hauptstädte? Schreibe sie auf.

BVK LW 05 · Birgit Groß-Ernst / Marion Strelau: Lernwerkstatt „Reise durch Europa"

Arbeitsblatt

Werkbereich 21: Länder-Lotto

 		Madrid Barcelona Valencia Sevilla	Orangen 
Ebro Tajo Duero Jucar	E	 	

Amsterdam Den Haag Rotterdam Eindhoven	Gouda 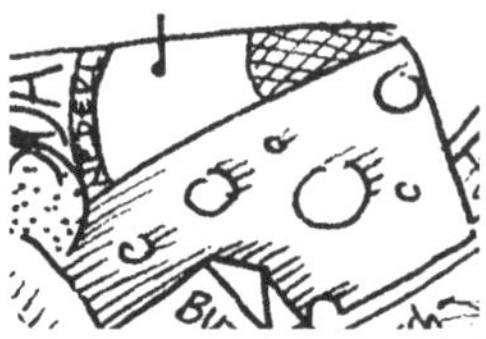	 	Windmühle 
	 	Maas Waal Lek Ijssel	NL

BVK LW 05 · Birgit Groß-Ernst / Marion Strelau: Lernwerkstatt „Reise durch Europa"

Arbeitsblatt

Werkbereich 21: Länder-Lotto

Schafskäse

Acheloos
Nestos
Vardar
Struma

Athen
Saloniki
Patras
Piräus

GR

TR

Ankara
Istanbul
Izmir
Bursa

Euphrat
Seyhan
Sakarya
Tigris

Fladenbrot

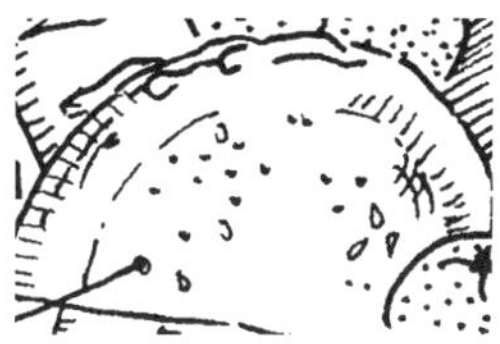

BVK LW 05 · Birgit Groß-Ernst / Marion Strelau: Lernwerkstatt „Reise durch Europa“

Arbeitsblatt

Werkbereich 21: Länder-Lotto

BVK LW 05 · Birgit Groß-Ernst / Marion Strelau: Lernwerkstatt „Reise durch Europa“

Arbeitsblatt

Werkbereich 22: Briefmarkensammlung

BVK LW 05 · Birgit Groß-Ernst / Marion Strelau: Lernwerkstatt „Reise durch Europa"

Arbeitsblatt

Werkbereich 23: Europäische Währungen in Euro umrechnen

Deutschland	2	DM	1 Euro
Belgien	40	BEF	1 Euro
Finnland	6	FIM	1 Euro
Frankreich	7	FRF	1 Euro
Italien	2000	ITL	1 Euro
Österreich	14	ATS	1 Euro
Niederlande	2	NLG	1 Euro

1. Birgit lebt in Deutschland und hat 100 Mark gespart, die sie gerne in Euro umtauschen möchte.
   Sie bekommt für ihr Erspartes _______ Euro.

2. Antonio wohnt in Italien und möchte gerne 14000 Lire in Euro umtauschen.
   Er erhält von der Bank _______ Euro.

3. Pierre aus Frankreich hat sein Sparschwein geschlachtet und 63 Französische Franc gezählt. Die Bank gibt ihm dafür _______ Euro.

4. Anna ist in Österreich zu Hause und hat 42 Schilling geschenkt bekommen.
   Beim Eintausch erhält sie ________ Euro.

5. Beatrix wohnt in der belgischen Stadt Lüttich. Sie möchte wissen, wie viel Euro 200 Belgische Franc sind.
   Es sind ______ Euro.

6. Svenja lebt in Finnland und möchte ihr gespartes Taschengeld von 54 Finnmark gegen die neue Währung eintauschen.
   Sie bekommt für ihr Erspartes ______ Euro.

7. Antje wohnt in den Niederlanden und bringt 80 Gulden zum Tausch zur Bank.
   Die Bank gibt ihr dafür ______ Euro.

BVK LW 05 · Birgit Groß-Ernst / Marion Strelau: Lernwerkstatt „Reise durch Europa“

Arbeitsblatt

Werkbereich 24: Wichtige Begriffe zu Europa

Um gemeinsam stark zu sein, wie der große Staat Amerika, haben einige europäische Länder sich zu einem Bündnis vereinigt.
Diese Länder sind: Belgien, Deutschland, Frankreich, Italien, Luxemburg, die Niederlande, Dänemark, Großbritannien, Griechenland, Portugal, Spanien, Finnland, Österreich und Schweden. Diese Gemeinschaft hat den Namen Europäische Union (EU).
Die Staaten wollen miteinander wirtschaften, forschen und politisch arbeiten. Außerdem haben sie beschlossen ab dem Jahr 2000 eine einheitliche Währung (Geld), die EURO heißt, zu benutzen.
Damit die Europäische Union gut funktioniert, gibt es folgende Einrichtungen:

Der Europäische Rat: Hier treffen sich die Chefs der einzelnen Länder, um zu überlegen, was in Europa passieren soll. Sie treffen sich zweimal im Jahr.

Das Europäische Parlament: Die Bürger der einzelnen Länder dürfen alle fünf Jahre Politiker (Abgeordnete) wählen, die das Land im Parlament vertreten. Insgesamt gibt es 626 Abgeordnete, die über neue Gesetze abstimmen.

Der Europäische Gerichtshof: Natürlich sind sich die Politiker auch in der EU nicht immer einig und es gibt Streit. Dann muss der Europäische Gerichtshof eine gerechte Lösung finden. Dabei beraten sich immer 15 Richter und 9 Generalanwälte.

Kreuzworträtsel:
1. Das neue Geld für Europa
2. So nennt man die Vereinigung der 15 Staaten
3. Gibt es in Europa Streit, wird er gebraucht
4. Die Regierungschefs der Länder setzen sich hier zusammen
5. Hier treffen sich ungefähr 626 Politiker, die von den Bürgern gewählt wurden

Schreibe das Lösungswort (Sterne) hier hin: ____________________

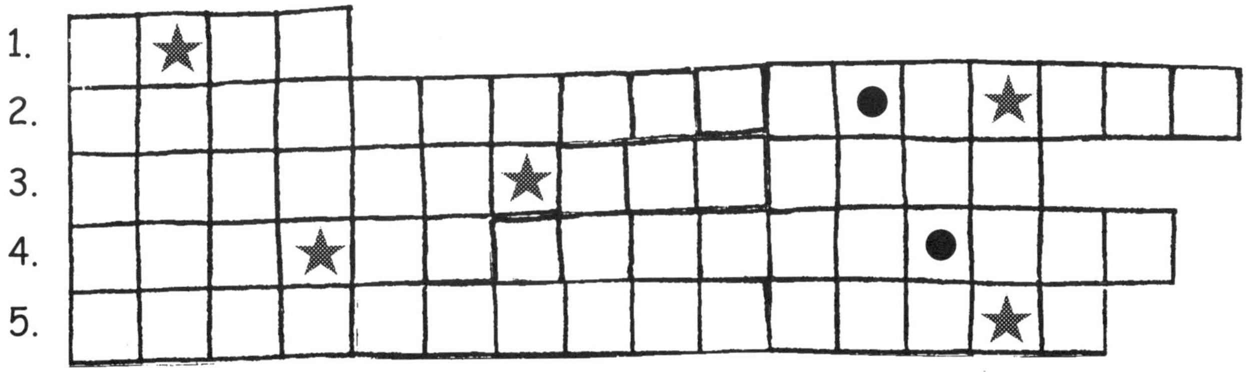

BVK LW 05 · Birgit Groß-Ernst / Marion Strelau: Lernwerkstatt „Reise durch Europa"

Arbeitsblatt

Werkbereich 25: Spielen in Europa

Spielen in Europa
Spielanleitung zu:

____

Spielen in Europa
Spielanleitung zu:

____

Spielen in Europa
Spielanleitung zu:

____

Spielen in Europa
Spielanleitung zu:

____

BVK LW 05 · Birgit Groß-Ernst / Marion Strelau: Lernwerkstatt „Reise durch Europa"

Arbeitsblatt

Werkbereich 26: Wir feiern ein europäisches Fest

Unser europäisches Fest
Mein Vorschlag:

Unser europäisches Fest
Mein Vorschlag:

Unser europäisches Fest
Mein Vorschlag:

Unser europäisches Fest
Mein Vorschlag:

BVK LW 05 · Birgit Groß-Ernst / Marion Strelau: Lernwerkstatt „Reise durch Europa"

Arbeitsblatt

Werkbereich 26: Wir feiern ein europäisches Fest

Einladung

Einladung

Einladung

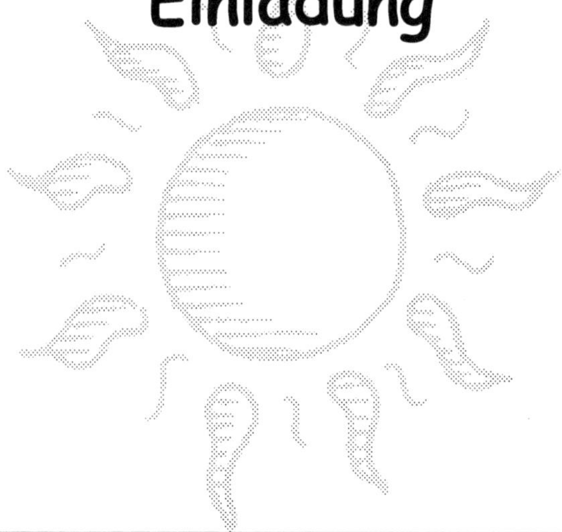

BVK LW 05 · Birgit Groß-Ernst / Marion Strelau: Lernwerkstatt „Reise durch Europa“

Arbeitsblatt

Werkbereich 26: Wir feiern ein europäisches Fest

Rezepte für das Fest

Avokadocreme

Ihr braucht: mehrere Avokados, Zitrone, Zwiebel, Knoblauch, Pfeffer und Salz

So wird's gemacht:

Die Avokados der Länge nach halbieren. Aufgepasst, sie haben einen dicken Kern in der Mitte, der sich nicht durchschneiden lässt. Schneidet nur bis zum Kern und trennt dann beide Hälften mit den Fingern.
Mit einem kleinen Löffel beide Hälften aushöhlen. Das Fruchtfleisch mit einer Gabel gut zerdrücken und in die Schüssel geben.
Eine Zitrone halbieren, auspressen und den Saft ebenfalls in die Schüssel geben.
Zwei Knoblauchzehen schälen und mit der Knoblauchpresse zerdrücken.
Die Zwiebel schälen und mit der Reibe reiben.
Zwiebel und Knoblauch in die Schüssel geben.
Alles gut verrühren und mit Pfeffer und Salz abschmecken.

Guten Appetit!

BVK LW 05 - Birgit Groß-Ernst / Marion Strelau: Lernwerkstatt „Reise durch Europa"

Arbeitsblatt

Werkbereich 26: Wir feiern ein europäisches Fest

Rezepte für das Fest

Pomodori di mozzarella (Italien)

Ihr braucht: Mozzarella, frische Tomaten, Basilikum, Aceto Balsamico (ital. Essig), Olivenöl, Pfeffer und Salz

So wird's gemacht:

Die Tomaten in Scheiben schneiden.
Die Scheiben nebeneinander auf einen großen flachen Teller legen.
Die Scheiben mit ein wenig Pfeffer und Salz würzen.
Auf jede Tomatenscheibe etwas italienischen Essig und ein bisschen Olivenöl träufeln.
Den Mozzarella in Scheiben schneiden.
Auf jede Tomate eine Scheibe Mozzarella legen.
Zum Schluss auf jede Tomaten-Mozzarella-Scheibe ein Blatt Basilikum legen.

Fertig ist die italienische Vorspeise!

Buon appetito!

BVK LW 05 · Birgit Groß-Ernst / Marion Strelau: Lernwerkstatt „Reise durch Europa"

Arbeitsblatt

Werkbereich 26: Wir feiern ein europäisches Fest

Rezepte für das Fest

Cacik aus der Türkei

Ihr braucht: Joghurt, Quark, Sahne, Gurke, Knoblauch, Zwiebel, Petersilie, Dill, Pfeffer und Salz

So wird's gemacht:

Die Gurke abschälen und mit der Reibe in feine Stückchen reiben.
Zwei Knoblauchzehen abschälen und mit der Knoblauchpresse zerdrücken.
Die Zwiebel schälen und reiben.
Petersilie und Dill von den Pflanzen abzupfen und auf einem Brettchen in ganz kleine Stücke schneiden.
Alles in die Schüssel geben.
Joghurt und Quark darüber geben.
Einen Schuss Sahne dazu.
Alles gut verrühren.
Zum Schluss mit Salz und Pfeffer abschmecken.

Guten Appetit!

BVK LW 05 · Birgit Groß-Ernst / Marion Strelau: Lernwerkstatt „Reise durch Europa"

Arbeitsblatt

Werkbereich 26: Wir feiern ein europäisches Fest

Rezepte für das Fest

Griechischer Salat

Ihr braucht: grüner Salat, Paprika, Oliven, Schafskäse, Tomaten, Gurke, Olivenöl und Salatkräuter für das Dressing

So wird's gemacht:
Paprika waschen und mit dem Messer halbieren. Die Kerne entfernen und die Hälften in kleine Stücke schneiden.
Die äußeren Blätter des Salatkopfes entfernen und wegwerfen.
Den Salat waschen, in einzelne Blätter zerlegen und nochmals zerkleinern.
Den Schafskäse in kleine Würfel schneiden.
Die Tomaten waschen und in kleine Stücke schneiden.
Die Gurke abschälen und ebenfalls zerkleinern.
Alles in eine große Schüssel geben und die Oliven hinzufügen.

Zum Schluss kommt das Dressing:
Nehmt eine kleinere Schüssel und schüttet die Salatkräuter hinein.
Dann gebt ihr pro Tütchen Salatkräuter drei Esslöffel Wasser und drei Esslöffel Öl dazu.
Alles gut verrühren und über den Salat geben.

Lasst es euch gut schmecken! Kaliorexi!

BVK LW 05 · Birgit Groß-Ernst / Marion Strelau: Lernwerkstatt „Reise durch Europa"

Lösungen

Zu Werkbereich 1:
Meere, die an Europa grenzen: Atlantischer Ozean, Nordsee, Ostsee, Mittelmeer

Zu Nordeuropa gehört: Schweden, Norwegen, Finnland
Zu Osteuropa gehört: Russland
Zu Südosteuropa gehört: Griechenland, Türkei, Slowenien, Kroation
Zu Südeuropa gehört: Italien, Portugal, Spanien
Zu Westeuropa gehört: Irland, Großbritannien, Deutschland, Belgien, Niederlande, Frankreich, Luxemburg

Zu Werkbereich 2:
(von oben nach unten: Name der Hauptstadt, Bezeichnung der Sehenswürdigkeit):
Rom - Colosseum
London - Tower Bridge
Paris - Triumpfbogen
Berlin - Brandenburger Tor

Zu Werkbereich 4:
Länderzuordnung von links oben nach rechts unten:
Frankreich, Spanien, Türkei, Italien, Russland, Niederlande

Zu Werkbereich 5:
1. Italien, 2. Spanien, 3. Polen, 4. Schweiz, 5. Türkei, 6. Großbritannien, 7. Belgien, 8. Portugal, 9. Ungarn, 10. Schweden

Zu Werkbereich 6:
Kinder mit Plakaten von links oben:
Frankreich: Bon jour - Au revoir, Türkei: Merhaba - Güle, güle, Griechenland: Kali mera - Jassu, jassu, Niederlande: Goede dag - Tot ziens, Spanien: Buenos dias - Hasta la vista, Großbritannien: Hello - Good bye, Portugal: Bom dia - Adeus, Italien: Buon giorno - Arrivederci

Zu Werkbereich 7:
Schafskäse - Griechenland, Baguette - Frankreich, Fladenbrot - Türkei, Orangen - Spanien, Butter - Irland, Gouda-Käse - Niederlande, Tee - Großbritannien, Schwarzbrot - Deutschland, Knäckebrot - Schweden, Schokorone - Schweiz, Frischkäse - Dänemark

Zu Werkbereich 8:
3 - Spartak Moskau, 1 - Manchester United, 8 - Bayern München, 7 - Real Madrid, 4 - Benfica Lissabon, 5 - Paris St. Germain, 2 - Inter Mailand, 6 - Bröndby Kopenhagen

BVK LW 05 · Birgit Groß-Ernst / Marion Strelau: Lernwerkstatt „Reise durch Europa"

Lösungen

Zu Werkbereich 10:

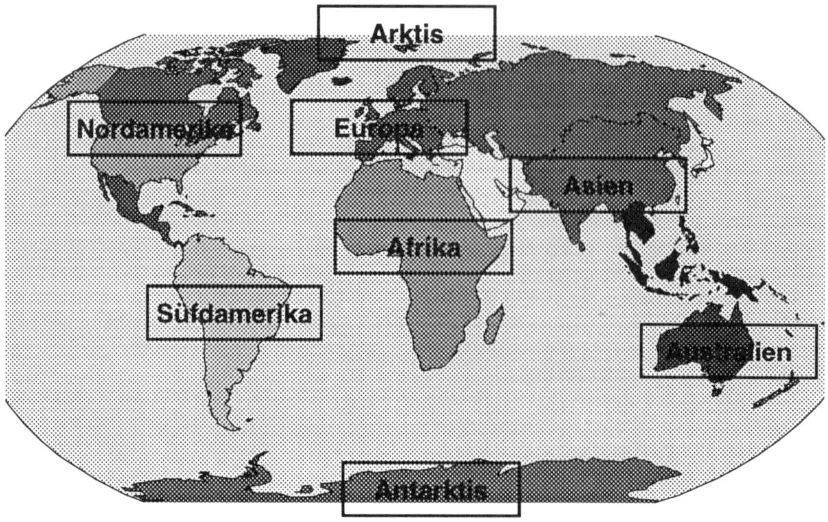

Zu Werkbereich 12:

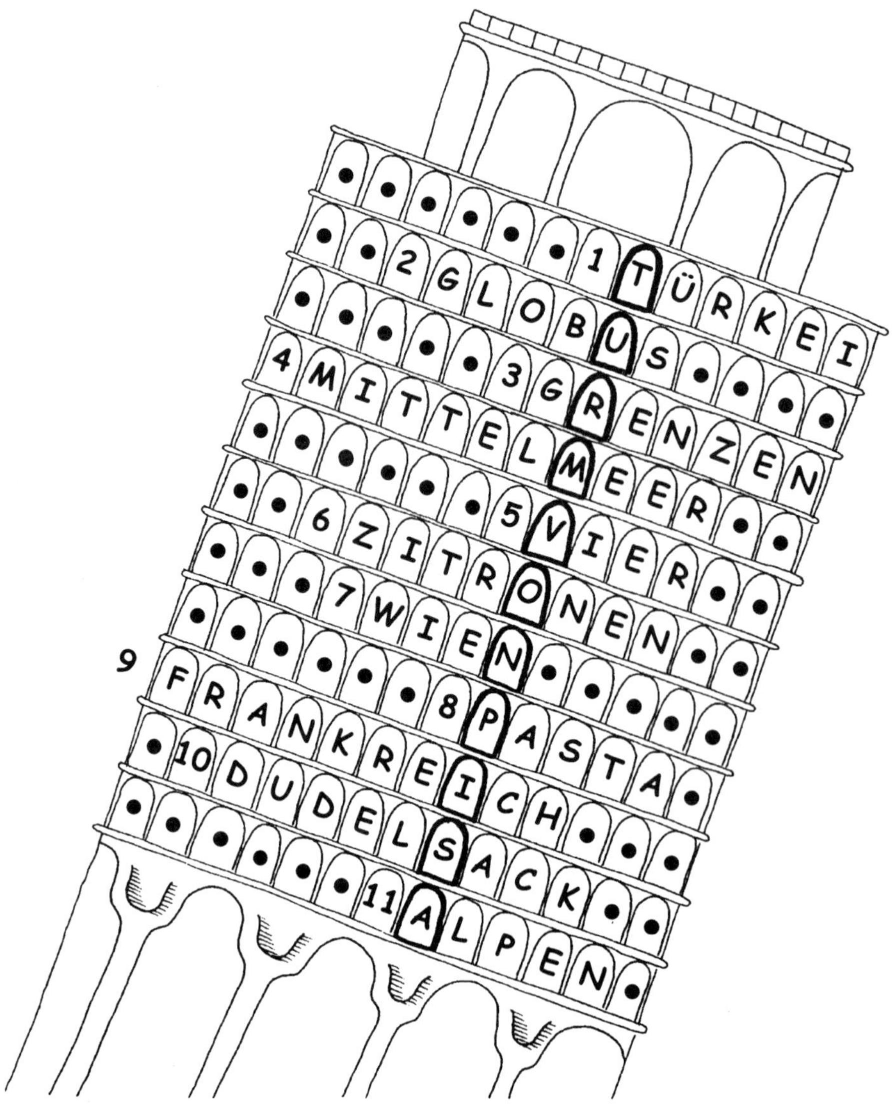

BVK LW 05 - Birgit Groß-Ernst / Marion Strelau: Lernwerkstatt „Reise durch Europa“

Lösungen

Zu Werkbereich 13:
Die Stadtrundfahrt hat 4 Stunden und 12 Minuten gedauert.
Du hast 156 Franc in Paris ausgegeben. Das sind ungefähr 52,- DM, das entspricht ca. 26 Euro.

Zu Werkbereich 14:
Die Strecke von Hamburg nach Zürich ist 914 km lang,
die Strecke von Hamburg nach Prag ist 704 km lang.

Zu Werkbereich 15:

Zu Werkbereich 18:
Knut Sörensen fängt vor der norwegischen Küste Lachs. Mit seinem Kühllastwagen bringt er den Fisch in die norwegische Hauptstadt **Oslo**. Auf dem großen **Fischmarkt** wird der Lachs an einen Händler verkauft. Dieser lässt ihn auf ein Schiff verladen, das **Deutschland** ansteuert. Der **Frachter** schippert über **die rauhe Nordsee** und erreicht den Hamburger Hafen. Hier wird der Fisch mit dem Zug in Kühlwaggons nach Berlin transportiert. Von dort gelangt er mit LKWs zu den Fischgeschäften und Supermärkten Berlins.

BVK LW 05 · Birgit Groß-Ernst / Marion Strelau: Lernwerkstatt „Reise durch Europa"

Lösungen

1. Für Butter braucht man viel gute Milch	2. In der Molkerei wird die Milch zu Butter verarbeitet	3. Mit dem Kühlwagen geht es zum Hafen von Dublin	4. Es geht weiter mit dem Schiff zum Frachthafen von Rotterdam

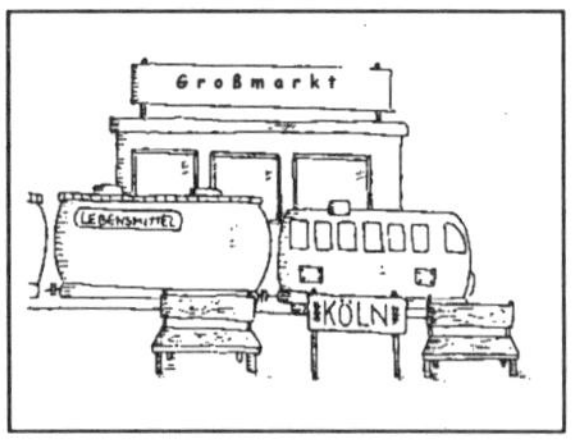

5. Vom Frachthafen gelangt die Butter mit dem Zug zum Großmarkt in Köln	6. Die Butter wird mit LKWs zu den Geschäften gefahren	7. Hier kaufst du die Butter ein und bringst sie nach Hause

Zu Werkbereich 20:
„5 Nachbarländer" Deutschlands: Dänemark, Polen, Tschechische Republik, Österreich, Schweiz, Frankreich, Luxemburg, Belgien, Niederlande
Hauptstädte (von oben links nach unten rechts): Berlin, Paris, Amsterdam, Warschau, Ankara, Rom, Brüssel, Kopenhagen, Madrid

Zu Werkbereich 23:
1) 50 Euro, 2) 7 Euro, 3) 9 Euro, 4) 3 Euro, 5) 5 Euro, 6) 9 Euro, 7) 40 Euro

Zu Werkbereich 24: Kreuzworträtsel

Lösungswort: UNION

1.	E	U	R	O													
2.	E	U	R	O	P	Ä	I	S	C	H	E		U	N	I	O	N
3.	E	U	-	G	E	R	I	C	H	T	S	H	O	F			
4.	E	U	R	O	P	Ä	I	S	C	H	E	R		R	A	T	
5.	E	U	R	O	P	A	P	A	R	L	A	M	E	N	T		

BVK LW 05 · Birgit Groß-Ernst / Marion Strelau: Lernwerkstatt „Reise durch Europa"